奶蜜盐2

好父母帮助孩子精神成人

张文质 著

图书在版编目（CIP）数据

奶蜜盐. 2，好父母帮助孩子精神成人 / 张文质著
. -- 南京：江苏凤凰文艺出版社，2023.2
ISBN 978-7-5594-7232-8

Ⅰ. ①奶… Ⅱ. ①张… Ⅲ. ①家庭教育 Ⅳ. ①G78

中国版本图书馆CIP数据核字（2022）第203235号

奶蜜盐. 2，好父母帮助孩子精神成人

张文质 著

责任编辑 刘洲原
特约编辑 岳明园
责任校对 孔智敏
出版统筹 孙小野
出版发行 江苏凤凰文艺出版社
南京市中央路165号，邮编：210009
网 址 http://www.jswenyi.com
印 刷 三河市金元印装有限公司
开 本 700毫米×1000毫米 1/16
印 张 20
字 数 208千字
版 次 2023年2月第1版
印 次 2023年2月第1次印刷
书 号 ISBN 978-7-5594-7232-8
定 价 68.00元

目录

第2章

生命教育是孩子成长的重要营养

第3章 爱是在他身上看到自己的影子

第4章 体认式思维：回到童年感受孩子成长

第5章 从人性出发，培养孩子的好习惯

第6章

未来教育：把孩子带向远方

序言　教育的根本在于立人

《奶蜜盐》一书出版以来，在家长和学校中引起了不小的反响，光是全国各地组织的《奶蜜盐》共读活动就有近 20 万家庭参与。为此我也受到很多教育局与学校的邀请，前往交流。其实在《奶蜜盐》成书前，我跨越了全国 18 个省市，走访上千所中小学，与家长、孩子们倾心交谈，这才形成了大家熟知的“奶蜜盐”亲子概念。

“奶”的字源意义，就是母乳，母亲的奶水，从书中教育观点来讲，是指生命成长所需的最基本的、最充足的父母之爱；“蜜”的字源意义，就是甜蜜的蜜，从书中教育观点来讲，是指生命成长所需的一些爱抚、鼓励、赞美；“盐”的字源意义，就是盐巴的盐，从书中教育观点来讲，是指生命成长所需的各种正常的历练。我就是想要通过这三个字呈现家庭教育的“第一定律”。这个第一定律是能够适用于所有家庭、所有父母的。这个“所有家庭”“所有父母”，就是不管你处于何种社会地位，不管你的文化程度如何，不管你的家庭经济状况如何，也不管你从事什么样的职业，都可包括进去。其实，家庭教育中，把一些核心问题解决好了，孩子的成长就不需要这样或那样的方法了，所谓“先有理念后有方法”，说的就是在理解的基础上才有真正的认同，有了认同，才有更具针对性的方法，才能在孩子成长的具体环境中达到“法”由心生。

《奶蜜盐》出版后，我又走访了以前走过的省市，与曾经认识的家长和孩子，还有更多原来不认识的家长、老师和孩子进行交流，积累了更多的第一手资料，有了更多的发现，也对“奶蜜盐”有了更丰富的认识和思考。《奶蜜盐 2》就是着重阐述这些发现和思考的一本新书。

《奶蜜盐 2》以“帮助孩子精神成人”这个重要命题为切入点，对“奶蜜盐”进行升级解读。“精神成人”是指孩子在生命成长的某个阶段所具备的独立思考的能力。可在现实中，我们看到很多的孩子都上了高中甚至大学，依然没有精神成人，对生命和世界的认知相当“小白”，离精神成人还有很远的距离。究其原因是家长和学校都忽视了对孩子精神成长的关注。从某种意义上说，孩子的精神成人不只是一个教育问题，它还可能演变成一个社会问题。所以，这本书对奶蜜盐的认识进入了一个新的具有递阶意义的阶段。奶，不仅是给足孩子身体营养，更要关注身心抚慰；蜜，体悟式去爱孩子，让自己回到童年；盐，通过性格塑造、未来教育，把孩子带向远方。这无疑对家长和学校都提出了新的要求。

在今天，可以说父母们对家庭教育的关注已达到一个前所未有的高度。这种对家庭教育的重视，一方面，表明了我们新一代的父母在教育孩子这件事上正逐渐趋向理性化和科学化，这是可喜的；但另一方面，这种重视又可能窄化为对孩子成长的担忧与焦虑，而担忧与焦虑越急切，就会越找不到合适的教育方法，从而造成事与愿违的家庭悲剧。

长期以来，父母们的家教视点都放在找到什么样的方法上，而铺天盖地的家教书，也在试图用各种招式来解决父母们面临的各种问题。如此这般，一种方法对应一种问题，看似玄妙，实则无用，甚至对孩子的成长有害。因为孩子的成长不是你消灭一个个问题就能实现的，它是一个连续的、系统的、复杂的过程。如果不从根源处找到问题出现的原因，不从父母自身反思中找到问题的答案，类似的问题就会像被施了魔咒一样重复出现，发展到一定的程度，那些方法就会统统失效。

我一直在思考，要从根源处解决家庭教育问题，而家庭教育的源头在哪里？除了在一些家教书上找方法，父母最需要做些什么？我认为，最重要的就是对家庭教育的正确理解。虽然家庭教育话题的热度已经延续了很久，但对家庭教育的本质有正确理解的人并不多。

一方面，家庭教育就是最不折不扣的生命教育，你要承认生命中所有的不美好、不完满与无可奈何都会存在于孩子的成长中，存在于你教育孩子的过程中，我们每个人都需要面对这样的“命运”。而另一方面，很多父母处在功利化的状态里，处于对孩子近乎苛刻的期望状态里，“掩耳盗铃”地认为自己的教育一定可以达到完美，自己孩子的成长一定会合乎自己的预设。这两方面，无疑会构成一对矛盾，这矛盾就是家庭教育频频出现问题的原因。究其根本，就在于大部分父母对生命的无知。

当然，我并不是在散布一种消极的观念——对生命的际遇与不确定毫无办法。相反，我愿意让你在对生命本身特质的思考中，获得一种教育的慈悲之心：在认识到孩子必定会遭遇生命的各种不完美的情况下，以一颗含而不露的同情之心帮助孩子成长，这是堪称伟大的生命“悲情”。而不是对生命本来的真实面目视而不见，试图用你所认同的功利思维和行为去干扰甚至破坏孩子的成长。

孩子生命成长所需要的“奶”“蜜”“盐”自然是非常重要的，它们从何而来？我们给得够不够？

实际上，家庭教育里面最重要的事情不在于“教育”，而在于父母“敢于”还原家庭教育本来应有的面貌，它本来就是这样的，就让它这样。把人还原到最自然的状态，就是孩子要和父母生活在一起，父母要注重对孩子的陪伴。孩子与父母在一起，就会使他获得“奶”“蜜”“盐”变得更容易，就会使教育中最自然的工作——言传身教变得更有可能。言传身教是最自然的一种模仿，是教育本身。这个教育是最日常化的，可能也是最省心的。而这样自然的引导（像是不教之教），同时也是最有力量的，对人一生的影响最为持久。

从行为习惯教育的角度说，父母的日常行为对孩子的影响也是最重要的，它甚至比你有意识地和孩子讲的那些道理更重要——这是最自然的学习，孩子看到的是具体的人的具体行为。陪伴还有另一层重要的意义，即它是一种直接的传导方式，可以直接传递一些父母认为有价值的东西，而这往往会表现为一种人性的自然流露，它的情景与氛围会让人终生难忘。这样的孩子也自然更有生命的“优越感”。你可以想象一个孩子骑在父亲脖子上和父亲一起游玩的情景，这时父亲轻声说的那些人生最粗浅的常识，对孩子来说，往往比他一生所学都要重要。

反过来，你也可以想想，你如果把孩子过早交给别人陪伴，别人实际上也在以他的价值观，或者说他所认定的有价值的方式引导着孩子。教育家洛克说，在源头上改变一个孩子是容易的，当孩子形成习惯了，你再想改变他，就太难了。最后还要说一点，以家庭为中心的陪伴还意味着，父母也可以通过自己与孩子朝夕相伴来判别孩子的一些行为，有了这个基础，哪怕他和其他的孩子不一样，父母也不会过于担心，因为他们可以用自己的辨别力来确认孩子这样的行为是不会有问题的。

不幸的是，从生活状态上讲，在某种程度上，我们的文化里有一些观念，一直在跟以家庭生活为中心的居家观念相对抗。比方说，父母把孩子留在家里，到外面工作，总是会认为这个行为是在顾及大义、顾及社会，反而把家庭，把个人，把孩子放在一个特别不重要的位置上。我们有相当长的时间都认为，夫妻异地分居，和孩子分离，都是为生活所迫而为家庭做出的特殊奉献。

中国人为什么会接受这样的生活状态？它跟体制化的文化有很大关系，要修复它，还是很困难的。但自省、反思一定要从我们年轻一代的父母开始。

我也常常思考，为什么在农耕文明占据社会文化形态主导地位时，家庭教育会简单一些？这样的现象对今天的家庭教育有什么启迪意义？在思考与研究的过程中，我发现农耕社会中以家庭为中心的生活模式，形成了父母子女以一种自然的状态生活在一起的情况，这是孩子不出现大问题、家庭教育没那么复杂的原因之一。当然，这并不是说农耕文明时代的所有家教方式都是合理的。从观念上来说，在我们传统文化里面，缺少独立的儿童概念，也没有独立的关于生命需求的概念，而仅仅把孩子看成未成年人，看成一个“小儿”，认为他还没长大，忽略他的生命本身就有独特的需求。这种独特的需求在早期是不可或缺的，是不能由任何东西替代的。

事实上，父母越充分满足孩子对爱的需求，这个孩子越不会有渴求感，他的生命成长就越舒展，越自然。所以，为什么要强调夫妻关系的重要性呢？作为父母，他们营造了有某些特点的家庭氛围，而孩子凭着生命的本能直觉，是可以感受到家庭的这种氛围的。这种对家庭教育本真面貌的还原，让好的教育的实现有了可能性，有了基本的条件。抛弃这种常识性认知去谈家庭教育，谈怎样培养孩子，都是空谈。

有一些父母特别爱孩子，他们想做完美的家长，这种对完美的追求反而会让他们对孩子的成长产生焦虑，产生过分的担忧，这些焦虑与担忧完全打破了家庭教育所需的平衡，从而造成家庭教育的失败，甚至酿成悲剧。英国学者温尼科特说，我们不一定要指望自己成为一个完美的父母，做完美的父母是很难的。他还提出另外一个概念，就是做“够好的父母”，便非常不错了。我想他的这个“够好的”，是指几乎所有的父母都能做到的；几乎所有的父母只要意识到就可以做到的，都可以算是“够好的”。但家庭教育中，有太多父母在功利观念的诱导下，越过了“够好的”底线，去追求不可能的“完美”，最后变成“最差的”“失败的”父母。

对父母而言，怎样做才能达到“够好的”标准？它起码包括心智成熟、有能力去营造一个有利于孩子成长的家庭、不把自己的阴影留给孩子，等等。比如，我认为在教育孩子之前，父母要认识到很重要的一点：你是不是有资格做父母？或者，你是不是真的愿意做父母？这问题听起来有点尖锐，我想要通过这个有些冷酷的提问来让你明白：做父母，比起年龄上的成熟，心智的成熟更为重要，一点都不能被低估。作为父母，其实你对孩子知识性的教育帮助，是非常有限的，但你心智的成熟、精神的饱满、责任意识的明确，却可能会持续地影响孩子的一生。这一点，我们大多数的家庭是很少谈及的。

心智成熟的父母，更能认识到孩子的成长其实是一件很艰难的事情，一代一代人的改善也是特别需要有耐心的。“慢慢的快”不仅是人成长的规律，也是代际传承突破“阶层固化”的恒久拔河。这样的耐心，本身就是一个很具建设性的态度——不管孩子现有的状况怎么样，都能够有针对性地帮助他，能够针对他自身的问题去慢慢改善他，而不是苛责他，或者出于私心强迫他。一方面，要给孩子更积极的鼓励，让孩子有好的性格，让他更快乐，更善于快乐，更能享受自己的快乐。另一方面，让孩子能够接纳自己的不足，接受自己的某些方面不如意、不如人，甚至某些方面难以改善。这样的成长帮助，是温情的、有效的、充满慈悲力量的。

再如，你是否意识到一个好的原生家庭对孩子的影响有多深？我现在总是很愿意回到乡下，回到自己出生的地方，特别是很愿意坐在院子里，听听鸟的鸣声、鸡的叫声，喝喝茶、看看书、聊聊天、发发呆……可以这么说，家庭是一个人生命成长的起点，人的精神需要家庭来塑造，家庭对一个人的意义可能是终生性的——在你的一生中，家庭都会给予你营养，都会帮助你进行自我调整与改善。

在一个幸福、温暖，充满了爱、欢笑和对新生命的期待的家庭，孩子生下来时，他那种脸上的笑意、生命的舒展形态是美好的。如果在一个冲突不断、恶语相向的家庭，孩子表面看起来没什么问题，但是有一些麻烦会埋伏在他心里，长大之后他就会出现一些问题。我们可能会从他长大之后遭遇的或者是偶发的某一些事件里去寻找原因，但常常想不到（更多的是意识不到）有些孩子的麻烦是源于生命之初的，是出在孩子早期生活的家庭里的。日本学者河合隼雄有一个说法挺有意思：有的家庭会帮助人，孩子好似一生都受到祝福一样，成长得很顺利，不断得到元气，从而生命力旺盛，充满成长的动力；也有一些家庭，似乎真的会催生精神疾病，这样的家庭肯定是有问题的。

从某种意义上说，作为父母，如果我们能够自己调整、改善、提升对生命的理解力，对自己跟他人、跟世界的关系的理解力，眼界就会更宽一些，心胸就会更达观一些，生命就会变得更从容一些。而这些基于对生命理解的仁慈、宽厚，也肯定会影响到孩子。这种父母，这样的家庭，能给孩子提供足够的“奶”“蜜”“盐”。我相信，这样的父母教育出的孩子，一定能找到一种能够真正促使他成长得更好的、来自他身体内部的生命力量。

最后，我要提一下在《奶蜜盐》中谈到、在《奶蜜盐 2》中又特别强调的“生物疤痕”这个重要概念。这个概念恰是教育“慈悲”的对立面——所谓的“生物疤痕”，就是说你在童年所受的挫折、伤害、羞辱、辱骂，就像一个永远无法恢复的伤疤一样，会一直留在你的心里，并且会在你成年之后，包括你做父母之后，成为你很多行为——比如说粗暴行为——的一个源头。这种粗暴的行为，会在你不自知的情况下对孩子产生很深的伤害。如果有的父母跟孩子之间的关系总是搞不好，父母就要更多地去反思自己过去的经历，去回忆、去了解自己童年的一些经历，包括所受的一些伤害。这些做法是有助于父母克制能力的培养的——至少能控制住自己，不去对孩子造成更大的伤害。像这样的反思，在刚刚做父母的时候，或者在准备做父母的时候，就有必要去做。等孩子稍微大一点，这个问题就太难改变了。同时也要注意，改善是可能的，但又是很困难的，需要你有非常大的毅力去坚持，需要你有意识去不断提醒、控制自己。

张文质

2022 年 9 月 22 日

奶蜜盐
2
好父母帮助孩子精神成人

第1章 身心发育：让孩子成为正常的人

相比起跑线，后面的路更重要，

所有的路都要靠孩子自己去走。

只要起点正常，孩子就一定能够拥有顺利的未来。

我们的孩子需要有更多的爱、更多的鼓励、

更充足的营养。

培养正常人，是家庭教育最重要的工作

前两年，南通市的一个小学老师给我打电话求助，说他们班上有一个孩子上学一个多月了还是哭哭啼啼，整天都在哭，问我有什么办法。我说："我可以给你提一个建议。你不要给孩子讲道理，下课之后你就到班上牵着这个孩子的手，到校园里面散散步。"过了十多天，这个老师打电话说："张老师，这个孩子不哭了。但是我又遇到了另一个问题，现在一下课，这个孩子就会跑到我办公室，让我牵着他的手到校园里面散步。"我问："你知道是什么原因吗？"老师说："我去家访了。这个孩子是爷爷带大的。"实际上，这个孩子一直生活在恐惧之中，这样的孩子很可能终生都难以"断奶"。

其实，我们周围有很多人终生都未能成年，其根本原因就是早期爱的匮乏。这与日本心理学家河合隼雄说的观念非常契合——有的家庭真的会助长孩子的精神疾病。有些孩子本身没有病，他的精神疾病不是生来就有的，而是长出来的。之所以长出这种病，症结往往出现在母亲身

上。有些母亲跟丈夫之间的关系有问题，对孩子特别眷恋；有些母亲自己的童年有问题，对孩子的成长过度担心；有些母亲在精神上有各种各样的麻烦，把所有希望寄托在孩子身上。实际上，这对孩子的成长会产生很大的影响。

所以这里我要强调，在思考教育之前，我们要思考哪些工作才是更为重要的。

实际上，我曾不止一次说过教育首先要培养正常人，有一些事情只要我们做对了，就对孩子成长有利。那什么事才是对的事呢？从古到今，从国内到国外，人们一贯在做的事，像这样的事情其实就是对的。比如，早期陪伴孩子，对孩子的接纳和鼓励，这一类事情只要做对了，孩子的一生就不会有太大风险。

温尼科特很有意思，作为临床医生，他教父母如何抱孩子，甚至还办了培训班。我的一个朋友刚做了爸爸，他说他岳母一抱孩子，孩子就哭，岳父抱就不哭。按照我们的理解，肯定会说“你看，孩子跟外公亲，跟外婆不亲”。其实我们往往没有想过外婆到底是怎么抱孩子的，也许她抱孩子的方法是有问题的。可见，温尼科特教人抱孩子也不是多此一举。他把早期的亲子关系用一个词概括——“抱持”，这个抱是充满情感的，同时也应该是无束缚的，温尼科特认为这是要学习的。我们的家庭教育文明程度不够，还没有进入这么细致的阶段。

陪伴着、陪伴着，孩子就长大了，孩子跟你之间情感的眷恋就产生了。我说的这种长大是最自然、最健康的长大，是最符合人性的长大。

不像我们以前说的“穷人的孩子早当家”，孩子要更早吃苦，更早历练，更早接受挫折。不是这样的。教育是“误不得，急不得”的。误不得，就是说每一个阶段最核心的工作都不能耽误，误了之后，后面没有办法弥补；急不得，就是说人的成长自有规律，你不能操之过急，操之过急一定适得其反。

每一个人都有共同时间和个人时刻，共同时间强调生命的普遍性，个人时刻强调个人的特殊性。

比如我自己的孩子，她说话特别早，七个多月会叫爸爸，一岁左右就可以连贯表达。孩子上幼儿园的时候，每说一句非常美妙的话，她妈妈就会马上记下来。有一天，她在洗澡时，一边洗一边玩影子，突然问了她妈妈一句话：“到底墙上的影子是我们的影子，还是我们是墙上影子的影子？”她妈妈就特别惊讶，她怎么会使用这么复杂的表达？这就是她特殊的语言能力。但是她很晚才会走路，一岁多了还不能自己走。走路慢，就是她的个人特点，这是绝对急不得的。

有一年，我去一所学校讲课。在跟老师聊天的时候，我看到一个孩子跳着就过去了。我问老师：“这个孩子为什么跳着走？”老师就跟我们说：“他们家是三代单传。爷爷有了孙子以后特别金贵，一天到晚抱着他，舍不得让他爬，舍不得让他摔跤。有一天，爷爷发现，把孩子放在地上后，他已经会走路了——没有经历那个磕磕碰碰的阶段，他就会走路了。但随着孩子年龄的增长，他们又发现，这个孩子没办法像正常孩子那样走路，他是跳着走的，像袋鼠那样跳着走。”当时老师跟我感慨，生命中所有的节律都有其道理，任何一环错过了都有巨大的麻烦。

中世纪神学家奥古斯丁说了句非常精彩的话，世界上万物生长的规律都是“慢慢的快”，人成长的奥妙在“慢”不在“快”。对人成长最重要的耐心，就是让他按照自己的节律，按照自己的方式成长，这种成长才会是最健康、最自然的成长。

谁在帮助我们的孩子精神成人？

我是2021年春节前（腊月二十八）回到老家福州乡下的，没想到在老家一住就是两个月。

我算了一下，自从我十六岁离开家去上大学，这是我在家里跟父母一起住的时间最长的一次了。就连我妈都说，好久没有像这样，这么长时间住在一起了。

但，住在一起自然就会有住在一起的问题。我相信这是很多家庭都会面临的一个比较有挑战性的问题。

其实，无论是在城市，还是在小城镇或者城市化的乡村，三代同堂甚至四代同堂都是比较普遍的。

我在做“家庭教育读本”的问卷调查时发现，现在三代同堂的家庭，已经占全国家庭数量的百分之六七十了。

就个人而言，上大学之后，我就离开了乡村，过上了比较独立的城市生活。工作、结婚、有了孩子以后，一直都住在城里，即使回老家，待的时间也都比较短。

这次回到乡下，我有机会重新检视自己跟父母的关系，特别是跟父亲的关系。

大家如果读过我的书，应该知道，我一直都在反思鲁迅先生百年前提出的那个重要的命题——我们现在怎样做父亲？

一方面，这个命题事关我们该怎么理解父亲的角色。比如，在我们的成长过程中，怎样看待父亲带给我们的那种全方位的、覆盖性的、持续性的影响？如果我们没有把这些想清楚，就很可能会延续上一代人"遗传"给我们的东西，甚至用爷爷教育父亲的方法来教育我们自己的孩子。

另一方面，这个命题还涉及我们该怎么处理跟父亲的关系。比如，不住在一起时如何和父母保持交往，以及和父母住在一起该怎么处理彼此的关系？这真的是目前中国人面临的一个非常现实的问题，也可以说是一个极为重要的文化命题。

1997 年，我在开始写第一本教育随笔《唇舌的授权》的时候，就提出了一个对我而言，甚至对中国教育而言，可能都有一定意义的命题。

这个命题就是个人的教育史。我要反思我的成长之路，反思在我成长的过程中，谁是我最重要的影响者，是谁让我变成这样的一个人，谁帮助、促成了我的精神成人。

所以，我对父亲一直有一个持续的反思。在我的教育讲座里，我经常提到我的父亲。也有人问我，你为什么老是谈你的父亲？是不是对你的父亲还充满怨恨？我说："如果一个人对父亲怀有怨恨的话，他就一定不会在大庭广众之下谈论他的父亲。只有基于一种文化意义上的思考，把父亲作为一个非常重要的文化命题来反思的人，才会这样不断地谈论自己的父亲。"

我父亲是一个特别慈祥的人，不管是对我，对我弟弟，对孙女，还是对邻居，都特别友善。每天吃饭的时候，每一餐，他都会给我母亲夹菜，有时候还会给我夹菜。本来应该是我给他夹菜的，他这样做反弄得我有点不好意思。

但说实在的，在我们家庭的餐桌上，让我给我父亲夹菜，我还真做不来。

为什么会做不来呢？

一方面，可能是因为我们家向来缺少这种礼节习惯；另一方面，是因为我跟我父亲之间的关系还没有彻底地处理清楚，恢复到特别亲密、特别融洽的状态。

对于父子关系的反思，我觉得，我更多地会从以下方面去思考。

比如说，我小时候经常被父亲打，当时心里可能会有一些怨恨，一些不满。不过随着年龄的增长，我慢慢地开始理解父亲为什么会这样。

我父亲其实是没有人教他怎么为人父的。在他八九岁的时候，他的父亲，也就是我的爷爷去世了，从那时起他就开始学艺做工。可以说，他的精神成人，不是在家庭里，更多的是在学手艺的过程中，在手工艺厂工作的过程中实现的。

他的家庭，对他所扮演的父亲这个角色的影响，其实是非常有限的。这种有限的影响，再加上知识跟文化方面的匮乏，造就了他的做事风格。

我觉得我父亲一直缺少对自己的角色进行反省或者改进的意识。他更多的是凭着自己的善良、勤劳，包括对孩子成长由衷的责任感，推动着自己承担起一个父亲的角色，这是他成长过程特别重要的家庭背景。

别低估了家庭“生物疤痕”

我跟我父亲的关系，其实在这几十年中总体来说是很平和的，极少有言语、情绪等方面的冲突。

但是，我总感觉我们之间不是特别亲密。反思原因，问题在于有时候我们在进行细致深入的交流时，会产生一些情绪上的障碍和文化上的隔阂。

文化上的隔阂，我们之后再谈，这里，我想先说一下这种情绪上的障碍。情绪实际上是情感的一部分，情感会引发一系列的情绪问题。所以，在做自身心理建设的过程中，我慢慢地领悟到，我父亲的身份成长问题，会给我带来极深的影响。

从来都没有人、没有学校教他该怎么做一个父亲。在我童年的成长过程中，我经常挨打、挨骂。而这种挨打、挨骂对一个孩子造成的影响，被我们普遍低估了。那时，我们只是觉得让孩子受一些皮肉之苦，或者是让孩子感到羞辱，是一种教育孩子的方式。其实，这样的行为会给孩子造成心理创伤，而且这种伤痛会一直留在孩子的生命记忆里，成为一个永远消不掉的“生物疤痕”。

在《奶蜜盐》这本书中，我把这种影响叫作生物疤痕。也就是，有时候你跟你的父母发生了一些不愉快，实质上并不完全是因为这件事情本身，而是因为这件事情带给你的挫败感以及你对生活中各种复杂问题产生的各种怨言，甚至怨恨，一直在心里积压着。这件事，只是一条导火线，让你一点就着。当然，这种负面情绪一下子全部爆发，是一种比较严重的状况。

在家庭里，很多不愉快的事情都会转化成负面情绪，主要有以下三种情形。

第一种，自我回避——我知道跟你容易产生冲突，我回避跟你的交往、交流。从表面上看，这样做确实避免了家庭中的各种冲突，但它也是有很多问题的。比如说，家人间很难达成共识，很难有情感上真挚的交流，很难为了某一件事情、某一个任务坐下来心平气和地协商。实际上如果你与家人长期居住在一起，这会造成很多生活上的障碍、情感上的隔膜。它还会带来更多的对家庭生活，对家庭的精神健康，对家庭的幸福感的损害。这种冷漠的状态，在很多家庭中普遍存在。

第二种情形比第一种更可怕一些，就是父母与孩子之间产生了各种恶劣的冲突，这种冲突使得亲情受到了极大的伤害。在这样的一个家庭里，亲情甚至可能变得荡然无存。但是，你们又不得不生活在一起，相互间连回避或回旋的空间都没有。这种充满火药味的家庭氛围，对双方，包括对第三代孩子的成长都是极其不利的。《罗伯特议事规则》提出家庭要学会开会，可在这样的家庭氛围里该如何开会呢？连平常的生活都难以维持，开会那真是难上加难了。开会协商的前提在于彼此尊重，双方心平气和，而在这样的家庭要遵守这种讨论规则，实在不现实。

第三种比前两种更严重——父母与孩子之间反目为仇，这种反目为仇对心灵造成的伤害，要比与其他人反目为仇严重得多。而且这种影响还会变成一种日常化的内在影响。

有一位学者在探讨这个问题的时候说，长寿的人一般来自温暖的家庭。家人的冷漠、家人间的冲突，包括来自家庭的伤害，对家庭成员的机体健康、精神健康，甚至是寿命，都会造成巨大的影响，甚至产生毁灭性的伤害。

因此，对不和谐的家庭来说，重建家庭伦理是一项极其重要的工作。我觉得这个重建，首先不是对我们的父母提要求，而是对我们自身提要求。比如，你能不能跟自己的童年和解？能不能代入到几十年前的生活情境中，去理解父母的局限，理解他们在成长中所经历的种种不幸？

说得大一点，我们要有一种宽恕的力量；说得小一点，就是要学会同情和理解父母。重建家庭伦理要求我们本着这样的一种情怀，重新看待家庭、看待父母，也许有一天你会惊讶地发现，想要促成改变最重要的是要从你自己开始，你改变了，你的父母才可能改变。

积极的身体语言是孩子成长的营养

2022 年北京冬奥会期间，有一位少女在网络上爆火，她就是自由式滑雪女子大跳台金牌得主谷爱凌，人称“天才少女”。这位少女有着与生俱来的、别人想拿都拿不走的惊人天赋。这样惊人的天赋产生自很多方面。

一、家庭学习氛围良好。谷爱凌的爸爸是美国人，毕业于哈佛大学，妈妈是地地道道的北京人，毕业于斯坦福大学，爷爷也是斯坦福大学毕业的。这么一说，你是不是很有感触？她可是来自一个非常厉害的家庭。

二、对冰雪运动充满热爱。不过，她爱上冰雪运动也是有原因的，谷爱凌的妈妈就是冰雪项目的教练，她受妈妈的影响，爱上了冰雪运动。她妈妈可以说是开启她冰雪“生涯”的启蒙老师。

三、严格要求自己。2020 年一次大赛前，我在看体育新闻时，曾看到有记者调侃：你们猜猜谷爱凌拿到世界冠军以后，晚上回到酒店会干什么？恐怕除了中国人谁都想不到答案——她回到酒店后，第一件事就是做作业，完成学校安排的课程。是的，这个孩子特别有毅力，不仅有运动的天分，还对自己要求特别严格。练什么，学什么，都特别用心、自觉，完全不用父母督促、要求，她自己就会主动完成。

一个人之所以能成为天才，除了先天的一些优势外，后天的努力和严格的自我要求也很重要。

大家都知道的足球运动员 C. 罗纳尔多，就是一个对自己极其苛刻的人。哪怕在日常生活中，他也完全按照最严格的职业运动员标准来要求自己。他曾经请他的朋友或他同一个球队的足球运动员去家里吃饭，可是大家去过一次之后就都不愿意再去了。为什么呢？因为吃不到什么好吃的。他完全是按照教练开的食谱准备的食物，吃完以后就开始训练。平时休假，C. 罗纳尔多也不会像有些运动员一样放飞自我，他会跟家人在一起，或者和教练待在训练场上。

谷爱凌也是如此，学什么都特别用功。从她身上，我得到了一个启迪：人身上最大的优势往往是与生俱来的，但要想让这种优势成为最突出的特长，或者成为一生的事业，还需要后天极其严格的、持续的、从不懈怠的训练。

有朋友说他也看了一些关于谷爱凌的报道，感觉这个小女孩性格特别好，特别开朗，爱说话，愿意跟人交往。然后他问了我一个问题：我的孩子没有这么好的天赋，但我希望他能够成为一个善于表达的人，这有可能吗？

我说，那当然了，语言表达能力虽然与人的天赋有关，但它是终生能够发展、提升的。要想发展、提升孩子的语言表达能力，最核心的是什么呢？最核心的就是从小就要鼓励他，而不是限制他，打击他，对他冷嘲热讽。还有一点也很重要，就是不管他说什么，你都要用心去听，不能三心二意的，不能他在说话你在玩手机，他在讲故事你在发呆，等到故事讲完了以后，你都不知道他在讲什么，这样孩子跟你讲两次就没兴趣了。这个没兴趣不仅会影响到他语言能力的发展，他在情感上也会受到很大的挫折。一旦他的情感受到了挫折，今后他在家庭里就不喜欢跟你交流了。有时候他还会产生一种悲观的情绪，变得越来越敏感，对自己的能力充满怀疑。

所以，要让自己的孩子像谷爱凌那样自信，父母从小就要“宠”着——孩子讲什么父母都觉得精彩极了，孩子说什么父母都觉得很有趣，让孩子每天都有自由表达的时间，客厅就是孩子的舞台。一个孩子只有在家里活得自在，他才能在外面的世界活得自信，才能在面对激烈的竞争时，表现出十足的韧性。

我想告诉大家的是，不管你自己的语言能力怎么样，或者说你的先天优势在哪，一旦你做了父母之后，你的责任就不一样了。你要变成一个不断鼓励孩子积极发展的人。比如，孩子爱说话，你就需要有一双特别善于倾听的耳朵，同时也要善于鼓掌，善于赞美。特别要注意的是，孩子讲故事的时候，你一定要专注地看着他，要有恰当的表情和积极的身体语言。要让孩子感受到你的目光、你的表情，感受到你的整个身体都充满了对他的支持和鼓励。

恐吓并不能带来鞭策的力量

我在给家长授课时，经常提到家庭教育最重要的目标就是培养孩子成为正常人，成为普通人。然而，有一次，有位朋友就给我写信，问了我一个很简单也很直接的问题："你愿意让你的孩子成为普通人吗？"

我当时回答说："这要看是什么样的普通人，如果这个普通，普通到连高中都上不了，连大学都读不了，连一般的工作都找不到，我肯定也会感到很忧虑，甚至很恐惧。"

在深圳讲课的时候，我曾遇到过一个这样的妈妈。她说，她对自己孩子的学业很担心，孩子现在偏科很厉害。我问她："孩子什么学科学得比较差？"她说："数学学得比较差。"我又问："孩子现在读几年级了？"她说："孩子现在读幼儿园。"她的回答在现场引起了一阵笑声。这个例子我讲过好多次，后来我仔细想了想，从这个例子中我们可以看出，妈妈对孩子成长的忧虑程度有多深。

在上海讲课的时候，又有一个妈妈跟我谈到她现在对孩子的未来很担心，她的孩子也是读幼儿园。我问："你担心什么？"她说："我希望孩子能读一个比较好的民办小学。"我接着问："为什么呢？"她说："在上海，民办小学的入学录取率只有40%左右。"这个数据我也看到过，曾经有一个数据显示不到50%，经过这几年，可能又有所下降了。

然后我就问这个妈妈："你告诉我这个数据是想告诉我什么？"她跟我说："从这个民办小学的数据可以看得出来，大家更愿意自己的孩子上民办学校。也可以反映出，大部分民办学校的教育质量要高于公立学校，所以我希望孩子从小学开始，就能够读一个好的小学，然后读一个好的中学，最后能够上一个好的大学。"其实，这是人之常情。

在中国做了二十多年乡村教育研究的美国学者、斯坦福大学教授罗斯高先生，曾做了一个报告，引起了很大的社会反响。根据他的报告中的说法，在农村，有部分孩子因为各种原因初中上不完就早早辍学，根本不上高中。他们的学业情况令人担忧。

罗斯高对这些孩子的学业情况做了分析，发现这些孩子主要的问题在于：第一，从小父母没有陪在身边，很难得到父母持续的鼓励跟支持，没有得到最基本的爱与温暖。第二，普遍缺乏营养，难以适应艰苦的学习生活。第三，有一些孩子因为身体原因，睡眠非常成问题。这三个要素对于孩子的学习、成长都是很要命的。

当我们说想把孩子培养成普通人的时候，其实很多父母是担心自己的孩子像罗斯高先生报告中的那样坠入社会底层，生活拮据，事业无成，进而对再下一代的学业和各方面的成长都不利。

在我们国家，各地区的社会环境、生活状况的差异之大，相信大家有目共睹。所以担心孩子过于普通，担心孩子跟不上学业最后拿不到好的文凭，几乎是所有父母对孩子成长最为主要的忧虑。有些父母甚至用一些偏激的方式引起孩子的恐惧，试图“激发”孩子的学习动力。

这种忧虑是合理存在的，但这种忧虑并不能过于放大。当我们思考孩子学业、成长的时候，还是要把他的身心健康放在更为重要的位置上。我们要充分认识到，孩子的身心健康是他学业优秀的保障，是他生命安全的保障，也是他与人交往、适应社会、发展自己的最为重要的基础。

在家庭生活中，作为父母，很多时候都得注意不要把恐惧放大。不要把恐吓变成我们的日常生活，也不要把恐吓变成我们督促孩子、促进孩子进步的常见手段，恐吓并不具有鞭策性的力量。恐吓甚至会加深孩子的恐惧，造成孩子身心方面的很多麻烦。

对很多人来说，有了孩子以后，父母最重要的事业就是促进孩子的健康成长。无论是在什么情形下，对孩子的帮助，都应该是正面的、积极的和富有建设性的。唯有如此，孩子才能真正地远离学业上的、身心上的，以及情感上的各种麻烦。

让父母的爱转化成对孩子早餐的关注

前阵子，有位专家的言论在网上引起了热议。事情很简单，这位专家在回答记者问题的时候，谈到孩子早上一定要喝牛奶、吃鸡蛋、吃三明治，不要喝粥，被网友吐槽不切实际。

这位专家想强调的是，孩子的早餐要有营养，这跟他强调的国民要增强营养，提高身体的免疫力，提高身体抵抗疾病的能力是一致的。只不过这次他特别强调的是儿童的早餐。

我曾经委托长沙的一位校长做一件事。他们学校原来做过一个课程叫作"食育"，我跟这位校长说："你们学校这么重视食育，麻烦你到校门口去拍一拍孩子早餐都吃什么，然后把照片发给我。"

这位校长拍完照片之后告诉我说："张老师，我真的感到很惭愧，虽然我们学校做了食育的课程，但没想到有那么多的孩子早餐吃得这么随便。很多孩子都是父母或者爷爷奶奶送到学校门口，在学校附近的小食摊、小杂食店、小饭店里随便吃一点什么。"可以说这些孩子的早餐，不仅没有吃上粥、吃上稀饭、吃上正规的早餐，甚至还要差很多。

早餐对孩子的身心发育是非常重要的，甚至可以说，早餐吃得越好，孩子的学业成绩也越好。这并不是我随便下的结论。2016 年，浙江省教育厅在北京师范大学的专业支持下对省内学生进行抽样调查。问卷调查中有问题专门对比了那些经常不吃早餐，或者早餐吃得很随便、很差的孩子，跟早餐定时定量、富有营养、种类丰富的孩子，在学业成绩上有什么差异。最后的调查结果显示，每周每天吃早餐次数越多的学生，学习成绩越高，最大分差达 50 分 ~70 分。

说实在的，孩子学习确实很辛苦，要帮助他们，需要从多方面来进行调整，包括升学政策、休息时间、教学质量、体育活动、心理扶持等。但是也不要忘了加强营养，人是要吃饭的，人是需要靠营养才能保持旺盛的专注力，保持良好的思维品质，保持持续学习、研究、思考问题的能力的。如果没有充足的营养保证的话，很多孩子到了上午第二节课的时候，注意力就已经开始涣散了，所有的心思已经从大脑转移到胃了，就等着吃中午这一餐。这样一来，孩子的精神跟身体都处于一种“不给力”的状态，又怎么能专注地学习呢。

在前文我曾提到过，美国学者罗斯高在他的调查报告中说，中国有将近 60% 的孩子很难上高中，其中一个原因就是孩子的营养供给严重不足，很难支撑他们在学业上要付出的艰辛努力。

所以要提高孩子的学业水平，也许需要从提高孩子的早餐质量开始。我曾在讲座的时候强调，我们要不断提高孩子的早餐质量，加强孩子的营养，提高早餐的丰富性、多样性，包括营养的均衡性。

就像《窗边的小豆豆》这本书里小林校长所说的，饭里“要有山的味道，要有海的味道”。除了营养要均衡，饭菜的色彩搭配也要有美感。

日本对孩子早餐的重视，对孩子饮食的重视，是日本孩子能够健康、快乐成长的重要保障。日本从村这一级到首相府都成立了“食育推进委员会”，日本首相就是全国食育推进委员会的委员长。也就是说，各级政府共同担负起提高孩子的营养水平、饮食质量的工作。

对一个家庭来说，有些事情我们可能没办法做得特别完美，但身为父母，有些事情我们还是可以努力做到的：

第一，每一顿早餐一定要有一个人，母亲或者父亲，亲自准备孩子的早餐。

第二，早餐不该仅为果腹，更要考虑孩子的营养均衡，考虑孩子各个年龄段的食物需求。

第三，吃早餐的过程，也是跟孩子进行交流的过程。哪怕只是一些简单的关心的话语，哪怕只是坐在旁边默默地看着孩子吃早餐，哪怕只是跟孩子一起吃完早餐，然后再送孩子上学。

早餐是父母与孩子之间进行情感互动、精神交流与信息交换的最好机会。通过为孩子准备早餐，父母的爱转化成了对孩子营养均衡的关注，转化成了对孩子而言最为重要的、来自家庭的支持。

赢在起跑线：让孩子爱上父母的每一餐饭菜

从我的角度来说，早餐吃得好可能还意味着学业成绩好，自信心强，对生活更为热爱。

这话并不难理解，一个人如果连早餐都吃得不好，应付了事，你叫他怎么有能量去热爱生活、热爱学习、热爱自己呢？所以，一定要让孩子从早餐开始，就喜欢生活，喜欢父母，喜欢父母做的每一餐饭，每一天都高高兴兴上学去，欢天喜地回家来，再心怀感激地享用父母给他准备的丰盛的午餐和晚餐。

我有一个朋友曾在我之前创办的“1+1 教育网”上，晒自己给孩子准备的午餐，真是营养丰富，琳琅满目，色彩非常诱人。我希望每一位父母都能像这样，将对孩子的爱体现在精心准备一日三餐，或者至少两餐上。

另外，父母一定要跟孩子一起用餐。这不仅能够增进亲子关系，同时，一起用餐本身也是与孩子交流的好机会，我们可以借机了解孩子的学习及生活各个方面的情况。

这里，我想讲另外一个与早餐有关的观点。这些年，在儿童教育领域，有一句话流传甚广，那就是“不要让孩子输在起跑线上”。我曾经写文章对这句话做过一些分析，我觉得人生是一场漫长的马拉松，不仅起点重要，有强健的身体，有明确的人生方向，有不断自我激励的热情或许更重要，这样才让我们能够坚持下来，能够跑得越来越好，能够不断地提高自己的能力。

“不要让孩子输在起跑线上”，从儿童饮食的角度来看，这句话还可以进行更为细致的分析。刚才我坐在自家的院子里，一直在琢磨这句话，经过反复回想，我发现我的人生至少在三条起跑线上是输了的。

第一条输掉的起跑线，是我母亲告诉我的，她说她在怀我的时候，漫长的十个月里，做工回到家经常没晚饭吃，只能饿着肚子去睡觉。她猜测，我之所以长得瘦、长得矮、长得慢，可能就跟她没条件吃晚饭有关系。

去年我读到一本讲西方教育史的书，里面谈到了儿童成长的一个秘密。什么秘密呢？书中告诉我们，母亲在怀孕期间所摄取的营养，会优先供给胎儿的大脑，即使母亲本身营养不足。也就是说，即使母体营养不足，胎儿大脑的发育一般也不会受到太大的影响。一个人即使长得小、长得矮、长得慢、长得弱，体弱多病，但智力一般不会受到太大的影响。看到这个分析后，我放心多了。

然而，母亲经常不吃晚餐，导致我从小长得瘦、长得矮，对我后来的成长还是带来了很大的麻烦。人生的第一条起跑线，我就这样输掉了。

接着是第二条输掉的起跑线。我读小学时，家境贫寒，早餐吃得实在太差。就一碗稀粥，其他什么都没有。所以我经常是一到放学，特别下午放学，早早就收拾东西回家，一到家就头痛、头晕，瘫倒在床上。那时候乡下的孩子还要干家务活，你躺在床上，家里人会觉得你很懒，不愿意承担责任。为此，我自己也时常感到很羞愧。

回家以后饿得不行时，我会跟奶奶说："让我吃一点中午的剩饭吧。"有时候奶奶会同意，有时候不同意，说来也奇怪，往往剩饭吃完，头就不痛了。后来才知道，其实所谓的头痛完全是饿出来的。就这样，我在第二条起跑线上，又输掉了。

第三条输掉的起跑线，涉及一个比较大的问题。上小学之前，我没有上过幼儿园，到了上小学的时候我连自己的名字都不会写，连"一二三四"都不会写。小学也只不过是乡村学校，各方面条件都非常差，很多老师都是代课老师——有的代课老师刚读完小学，有的刚读完初中，正规老师非常少。

小学时，我的考试成绩就很不理想，尤其是数学成绩特别差，到了初中以后，我就更跟不上了。这个跟不上，终身都是难以弥补的。

小时候我总觉得自己笨，其实认真分析一下原因，这个笨，往往都是有前因后果的。比如说没有正常的学习条件，没有系统地学习，遇到学业困难的时候没有人及时给予指导与帮助。等学业成绩下降以后，再想追上去就很难了。

从命运的角度来说，我反省了一下，要说输在起跑线上，我的这几条起跑线都输了。可我现在过得也很充实、很快乐啊。

这里我讲我个人的故事，也是要跟大家分享一下，作为父母，看到诸如“不要让孩子输在起跑线上”这些所谓的铁律时，真的需要深入追问一下其背后的具体情境内涵，不要简单直接地就把孩子的学习成绩看作是唯一的起跑线。我们的孩子需要有更多的爱、更多的鼓励、更充足的营养，然后才能过上正常的家庭生活，上更好一点的学校，得到老师更多的爱与鼓励。

其实，相比起跑线，后面的路更重要，所有的路都要靠孩子自己去走。只要起点正常，孩子就一定能够拥有顺利的未来。

奥斯陆早餐让十四岁儿童长高 10 厘米

我曾看过一篇文章，介绍挪威鼎鼎有名的奥斯陆早餐。这个早餐食谱是挪威著名营养学家在九十多年前设计的，解决了青少年怎样吃早餐、吃什么样的早餐，才对他的身体发育最好的问题。在 20 世纪 30 年代，挪威首都奥斯陆的每个中小学生都要吃这种早餐——两片全麦面包，黄油，一根香肠或者一片奶酪，半个苹果或半个橙子，236 毫升鲜牛奶，一根胡萝卜（每年的 9 月到次年的 3 月，附加一勺鳕鱼鱼肝油）。

看到此，你肯定马上会想，怎么吃得这么好？吃得这么好，对孩子的成长影响可大了，这个早餐食谱可是让奥斯陆十四岁的中学生平均长高了 10 厘米！其实，我们国家也制订了一些促进乡村儿童成长的“营养餐”计划，但是可能因为各种状况的影响，这些营养计划的执行效果尚未达到奥斯陆早餐的水平。据中国疾病预防控制中心的监控数据显示，加入这个计划的十一岁男孩跟女孩的身高，同比增长了 5.7 厘米和 5.6 厘米。对于营养早餐，我有一个真实的体会，那就是要从整体上提高我们的早餐营养水平。我走过很多城市，餐厅里的早餐五花八门，你可能会说不同的餐厅标准不一样，但是有的餐厅确实是太差了，这足以反映出我们对早餐是多么随意、随机了，可以说没有什么标准。

很多老师跟我反馈，说各地孩子的早餐大部分都比较随意，比如有些地方，孩子的早餐就是吃米粉，没有鸡蛋，没有牛奶，也没水果，一碗米粉就解决了问题，有的地方是一块面包，像我老家这边很多人早上就只是喝一碗稀饭，吃一块油饼。这样的早餐，是不足以支持孩子一个上午的学习的，上午第二节课时孩子的肚子就饿了，注意力跟着下降，保持专注都成问题，这对其学业发展来说，肯定会造成很大的影响。不好好吃早餐还有一个更大的问题，就是营养不足对孩子身体的发育、大脑的发育、整个身心的健康，都会造成不利影响。

那我们能不能也设计出一个比较适合中国儿童的早餐标准呢？所有的家庭、学校都能以此为参照，或者说有条件的家庭、学校完全可以按照这个标准来执行。我知道有些学校在这方面做得比较好，尤其是一些学费比较贵的私立学校现在都配有营养师来为孩子备餐。但是对大部分公立学校、公立寄宿学校、普通家庭来说，营养更均衡、品种更丰富、更有营养、更适合儿童口味的早餐是非常重要的，有这样一个好的早餐标准也是非常有必要的。

当时挪威制定这个标准的时候，国家还很穷。然而，当有了一个标准之后，所有人都会朝着这个标准去努力，并持之以恒，最后就产生了巨大的效果。奥斯陆早餐标准，后来在欧洲的很多国家推广起来。英国的早餐标准，实际上也受到奥斯陆这个标准的影响，营养早餐对提高欧洲各国青少年的身体发育、发展水平，促进他们学业的进步，都产生了巨大的影响。今天我们看到挪威人长得那么高，可能跟早餐吃得好也是有关系的。

可以说，早餐关系一个民族的未来，关系一个民族的强盛，我真心希望有关部门能够重视起来。当然，更重要的是所有的家庭要首先重视起来。

让孩子说自己的话

我在给家长培训的过程中，经常谈到孩子成长过程中语言表达的问题。苏州的一位周姓老师对这个话题很感兴趣，给我写了一封信，他在信中这样说：

> 我做过好多年的观察，发现每周一早上在晨会上发言的那些优秀孩子、优秀学生，几乎讲起话来都十分死板教条，好像他们早早就进入社会了。我曾思考过这个问题，也跟其他老师讨论过不要试图改变孩子的那种表达模式，应该让孩子说自己想说的话。但，我知道让所有老师都这么做几乎是不可能的。
>
> 所以呢，在我的音乐课上，我就特别注意创造一些机会，让孩子随便说、自由说，也不轻易去打断他们。让他们有安全感，让他们的思想有足够的自由，能够在信任的氛围里想说什么就按照自己的方式去说。除此之外，我还会让一些口才好的同学做小

老师、小主持。通过这种方式去锻炼他们的语言能力。

很多学校的教室里缺少这种自由表达的氛围。下课了不让说，嫌吵，上课了是教你怎么说，生怕你说错。这让孩子说话基本上就像大人一样。这在我看来是很可怕的，就跟作文课一样，没有自由写作的过程。教出来的孩子要注意这个，注意那个，结果失去了自我表达能力，全部都变傻了。

对他提的这个话题，有一位天津的高中老师做了回应：

周老师的观察的确道出了一个普遍存在的现实。我们学校每周国旗下讲话，发言的基本上都是每个班最优秀的学生。然而他们发言的内容大部分来自网络，听起来既高调又华美，但是脱离现实，不能深入人心。

班会发言大部分也都是这样，这些所谓的优秀学生，从小就被训练得要紧跟形势，充满正能量，已经不太会用自己的语言表达了，甚至也不太关注生活常识了。

所以现在的作文很难看得到那种自由自在的表达。学生们从小就被灌输“要听话”，而不是听从自己的内心。最近呢，在防疫关爱群（注：就是这个老师组建的防疫关爱群）里，我一再鼓励孩子们要说出自己的心里话，但还是只有很少的几个学生小心而主动地吐露心声，大部分依然习惯于旁观。

这两个班，都是我从别人手里接手的，都是其他老师带过的班。听说以前的老师，连作文都让他们背范文，然后给孩子设置各种条条框框，这让孩子们失去了自我。孩子们真的很难做到像张老师说的那样言为心声，说自己想说的话。

这两位老师，讲的都是对学校教育方法的忧虑。

我之前谈得比较多的是从家庭教育的角度来看家长应该怎么办，其实，学校教育也需要做一些反省。比如，背范文，就是件很可怕的事。孩子在讲台上讲话前，讲话的文稿很多都要经过老师指导、批改和审查，最后孩子上台等于把这个范文背了一遍。

这样的方式一旦成为规则，你将很难听到孩子真实的声音。

而且这会让孩子对自己的表达产生很多的惧怕：害怕说自己的话，害怕别人认为自己的话有错，害怕别人嘲笑自己，也害怕遭到反驳。所以在学校里，营造自由表达的氛围，让孩子拥有周老师所说的安全感非常重要。不注重安全感的建立，没有对孩子生命的尊重、对孩子个人体验的珍惜、对孩子自由表达的欣赏，慢慢地孩子就会失去自己的语言个性。

孩子不知道怎么表达自我，只会说别人教过的话，跟着大人说所谓成熟的话，失去了天真、活泼和个性，这是今天教育里一个很严重的问题。

不仅如此，还有一些更隐性的问题。比如说孩子写作文，就只是为考试服务的。孩子反复被训练按照套路进行写作，以取得高分、取得好成绩。

其实，经过这样长期的规训、反复的训练，严格遵守要求，不断套路化，孩子肯定会失去按照自己的方式进行写作的勇气。更大的麻烦在哪里呢？一方面，孩子会慢慢失去自由表达的热情，失去表达的意愿，不愿意跟别人交流，不愿意跟别人分享，不愿意展现自己的个性。另一方面，这样的训练很容易造成孩子言语的堵塞、情感的堵塞、心智的堵塞。如果一个人不能自如地表达心声，那么他的心灵就会遭受损害。不光是没有要表达的思想，没有跟别人分享的渴望，而且会导致他不断压抑、扭曲自己和耗损自己。他的情感宣泄不再自如，他的情感交流不再顺畅，进行微妙、恰当、自如的表达的能力难以得到正常的展现与发展。

所以，如果孩子经常处于一种没办法自如地、自由地表现自我的状态中，他的整个身心发展都是会受到巨大损害的。

一个人睡好了，就是一个小天使

我们知道，人的身体是有自己的反应系统、自己的体察力、自己的直觉力的。这些能力有时候并不在我们的理解范围之中，有时候我们不能理解它，比如我们每个月总有一些天情绪很低落，这到底是什么原因呢，是生活中有什么不愉快吗，怎么突然变得很沮丧呢？其实它可能跟具体事件并没有太大的关系，而是跟身体的情绪周期有一定的关系。

有的人早上起来以后情绪总是不太好。我印象很深的是我的弟弟，小时候他很调皮，每天早上起来都要在床铺上哭一阵子，跳一阵子。我们楼下邻居、一个堂伯家的壁橱就挂在墙上，我弟弟每次跳得太厉害时，他就在下面喊“别跳了，再跳壁橱会掉下来的”，这给我留下的印象很深。那个时候我们只是觉得弟弟的脾气不太好，其实我们不知道这个脾气不太好往往是情绪性的，有时候甚至可能连他自己也不知道。这种情况，不仅孩子有，一些成年人也有。

我的一个朋友就曾说过，她的先生——一个公司的大老板就是如此，大家要是有事找他，上午很可能办不成，得等到下午他变成一个“正常的人”后。开始的时候别人都不知道到底是怎么回事，会觉得这家伙好像总是对他们生气，后来慢慢地就发现他不是对谁生气，不是对任何人生气，其实他只是对自己生气，而他也不知道自己为什么会生气。

有时候，人的情绪是完全受身体左右的。一个人睡好了，身体休息好了，对世界的理解方式就不同了；一个人睡眠充足了，其身体状况就平衡了，整个心态就平和了，就更容易有个愉快的心情。

我孩子出生以后，我特别看重她的睡眠质量，比如她的睡眠是否充足，睡得是不是很沉、很深，她醒过来之后是不是很开心，是不是一醒过来就满面笑容，是不是一睁开眼睛就是一片的笑意——对于这些细节，我特别敏感，甚至现在想来可能有点敏感过头了，可我实在太害怕她睡不好了。

我必须承认，我年轻的时候确实比较忧郁，经常很沮丧，看不到自己人生的前景，感觉自己的目标很难实现。其中一个原因就是当时我的睡眠质量很差，经常整夜整夜地难以入眠，由此导致了各种各样的情绪反应。插一句话，你可能会把失眠后情绪不好看成是思想主导的，其实它更可能是身体主导的。你都没睡好，怎么可能拥有充沛的精力和良好的心态呢？

一个人睡好了，可能就是一个天使，天使肯定是睡得很好的。那些身体上的各种不适，只要你睡眠充足、睡眠良好，慢慢地，你就发现是能得到改善、得到调整的。

后来，我每当遇到心情比较沮丧的时候，就会先去睡觉。不具备睡觉条件时，我会选择到野外去散散步。

同睡眠一样，亲近大自然同样可以让我们的身体回到比较正常的状态。事实上，人类对大自然中的花草树木具有本能的亲近感，因为人类就是从大自然里走出来的，这是非常自然的情感反应。

一个人如果长期远离大自然，可能会得自然缺失症，常见表现有抑郁、狂躁、心情暴躁、精神激烈冲突，甚至精神分裂。如果出现这种表现，也许回到大自然是一种比较有效的治疗方法。就算是一个正常的人，回到大自然里，自然而然地也会变得愉快起来。这种身体的直觉力并不需要我们受过多高等的教育，或者说我们有多么高的思想境界，这是我们的身体本身就具备的感受系统。

回归自然，过更自然的生活，有更良好的睡眠状况，有更充足的、营养更均衡的饮食，可以帮助我们调整好自己的身体状态。甚至当你不愉快的时候，吃一颗糖也会让你的心情有所改善。有的人会在醒目位置放一些糖，提前想好，心情好时吃一颗什么样的糖，心情不好时选一颗什么样的糖，这也可以对身体起到一个良好的暗示。

对于身体的这种觉察力或者身体自身这样的反应，我们要学会尊重它、利用它，比如对待小朋友，你最好的方式就是经常拍拍他的背，摸摸他的头，揉揉他的脸，捏捏他的胳膊，这样他会感觉很舒服。

这就是天性。

这种天性使得他的身体有这样的需求，身体的需求得到满足了，他的精神状况自然就大不相同了。我在讲家庭教育的时候，经常会跟父母们这么说，我们要多抱抱孩子。孩子小的时候每天抱抱他，孩子心情不好的时候抱抱他，孩子很开心的时候抱抱他，好久没见到孩子了抱抱他，心里很想念、见了面抱抱他，经常抱一抱孩子，孩子可以长得更好。当然作为父母，你去抱抱孩子，你自己也会很满足，彼此都会变好。

美好的世界就是从这种身体的满足开始的。

近视，大多是因为运动太少

有一天，我把一篇文章特地转给了清华大学附属小学的窦桂梅校长。这篇文章说的是美国科学家经过长期的研究，发现了一个非常重要的秘密：儿童眼睛近视最主要的原因并不是电子产品的频繁使用，而是这些孩子日晒时间不足、户外活动时间不足。户外活动、晒太阳可以刺激视网膜多巴胺的分泌，在一定程度上可以阻止近视的发生。

这篇文章告诉我们，欧美的孩子大部分六七岁开始就拥有自己的平板电脑和手机，但是他们的近视率要比我们低得多。我们中国有超过一半的儿童在面临近视的困扰。所以要解决近视问题，最为核心的并不是停止使用电子产品，或者少看书，而是要增加户外活动。

为什么我要跟窦校长分享这篇文章呢？因为前几年我到她的学校考察时，她告诉我，她学校的孩子这几年近视率下降了 25% 左右。其实她的学校是非常重视阅读的——他们特别强调整本书的阅读，强调专注的、持续的、深入的阅读，可为什么学生的近视率反而下降了呢？这一篇文章道出了最为重要的秘密。她的学校特别重视学生的运动，每天早上有大课间，每天下午有专项的体育课程。学校尤其重视学生的足球运动专项课程，从一年级开始，每个班级都有男女足球队，每年都有学校的足球联赛。所以在她的学校，我看到的孩子大多是又黑又瘦的，基本上看不到胖子。

我总觉得，我心目中好孩子的样子是皮肤黝黑，牙齿洁白，眼睛明亮，浑身有劲，大概就是受到清华大学附属小学这些孩子的启迪。

跟窦校长聊天的时候，她也告诉我，有一位学者到她学校以后，也很惊奇"清华附小的孩子怎么都这么黑，连耳朵后面都是黑的"——这位学者观察得很细致。我认为这个"黑"恰恰是她学校最重要的文化底色，她们是真正地把体育当成了孩子最为重要的课程，真正把孩子的身心健康放在了最为重要的位置之上。她们提出课程要以孩子为中心，我想她们的课程里面最为核心的就是运动与阅读课程，而她们确实做得特别到位。

窦校长还告诉我，即便在疫情期间，她们也要求所有的孩子每天运动一小时，每天都要运动打卡——是要检查的。所以疫情之后，回到学校的孩子里没有一个又白又胖的，所有孩子都还保持着特别良好的身体状况。这就让我特别感慨。在这个教育现场，我看到了孩子健康的生命状态，从中我又获得了很多启迪。

后来到很多学校去，我首先观察的就是孩子的肤色，看看孩子够不够黑，孩子够不够瘦，然后观察孩子的近视率是不是比较低。这些几乎成了我教育观察的一个论据。

好多年前，一个生活在澳大利亚的朋友跟我说，他孩子出生以后，有一件事情让他很惊奇。很多朋友跟邻居都问他“你的孩子淋过雨吗？”。他觉得好奇怪，开始的时候不明白这是怎么回事，后来他特地去问了朋友，他的朋友说几乎所有澳大利亚的孩子出生以后，他们都会尽快让孩子淋雨，大概原因是淋过雨以后，孩子的身体会更结实、更健康，成长会更顺利。

后来有一年，去澳大利亚旅游的时候，我发现我这个朋友的孩子还非常小就开始玩平板电脑了。我看到后有点担心，担心孩子这么小就玩平板电脑，会不会对他的眼睛造成损害。可是，后来他的孩子长大以后并没有近视，看来最重要的功夫果然还是在运动上——运动的功夫下足了，孩子的近视率就能够降下来了。当然，更为重要的就是，运动对他整个身体的发育，对他学业的进步，对他更为顽强的生命毅力、生命品格的发展，都是有很大的帮助的。

孩子的阅读，值得每位父母认真对待

这些年来，虽然社会在不断地进步，但它所积累的成果有时可以说是很脆弱的，你以为不会发生的事情，几乎不需要有什么准备，它就发生了；你以为再也不会重现的某一种状况，它可能很容易就重现了。所以在今天这个社会，作为父母，真的要有很强的责任意识。当社会出现某种病态现象，且这种病态不能得到有效的纠正，甚至这种病态成为流行文化的时候，父母应该怎么办？

这个话题很重要。我曾经在很多学校当着校长的面谈过一个观点。我说：作为一个家庭，不能太相信学校。当然，我说的不能太相信学校，首先指的是学校没办法为每一个孩子的发展尽到非常具体、细致、有针对性、持续的责任，因为这些责任只有家庭里面的父母才能承担。家庭的道德水平至少不能低于学校，家庭应该自觉承担起帮助孩子成长的责任，不能完全让位于对学校教育的信赖。学校教育有其特别了不起的地方，有很多成功的案例，这都不需赘言。但学校教育有时候也会有各种体制的规范，包括相关部门的考察指标及学校本身文化的种种限制。所以作为父母，为了孩子更好的成长，真的要负起责任来。

有很多父母问我，孩子该看什么书？父母是不是应该跟孩子一起读，或者提前对孩子要阅读的书进行一些审查？说实在的，今天绝大多数的父母都有初中以上的文化程度，还是有能力评判这些书籍的最基本的价值的，尤其是对孩子幼儿跟小学阶段的各种童话绘本，包括儿童文学作品，父母是有判断力的。当我们觉得书中有一些不妥的时候，比如包含凶杀、暴力、色情、蔑视生命、践踏人类尊严、侵犯男女平等的内容时，就不要再让孩子看了。

当我们对这本书的内容产生怀疑的时候，可以搜索一下相关的评论，也可以征求朋友、亲戚，以及学校老师的一些意见。

当然，有时候可能会"议而不决"，或者各方产生意见分歧，我建议这时可以先把有争议的图书放在一边，不要提供给孩子。尤其是在孩子童年阶段，阅读应该是为了进行真善美的教育。这个时期孩子阅读的作品需要表现出人类对自己生命的尊重与信赖，表现出对未来世界发展的信心，表现出对自己人生的热情。也就是说这些书要向孩子传递人类共同的正确的价值观、这个世界普遍认同的思想，这样才能真正有助于孩子身心更好、更全面地成长。这是每一位父母都要认真对待的事。为了能够切实产生效果，我经常倡议家校共读，并强调在家校共读的基础上，开展亲子共读。亲子共读最核心的价值在于，父母与孩子在共同阅读的过程中可以进行多元的讨论。

帮助孩子阅读是有步骤的。“阅读前的审查与价值判断”算是第一步。“亲子共读”是第二步，即使文本里面有一些问题，有一些偏颇，但是在讨论的过程中，你也可以帮助孩子形成他的认识，当然“讨论”的本身也有助于提升他的理解力，提升他的判断力。第三步才是引导孩子独立阅读你推荐的或者其他人推荐的书。第一步就很重要，父母要特别谨慎；第二步，父母要特别有热情，有责任心；第三步也很关键，在这一步，孩子可以逐渐从阅读其他人推荐的书过渡到阅读他自己选择的书。在孩子阅读的过程中，你也可以经常了解一下孩子阅读的心得，让孩子经常跟你分享他从正在阅读的各类作品中得到的收获，这对孩子的成长更有助益。

家教基础课：鼓励、欣赏和分享孩子的阅读

每个人都会反思自己的成长之路。等你到一定的年龄，回想这个问题的时候，就会发现，其实人的成长之路都是大体相近的，而这个大体相近，往往又是每一个人用自己不同的方式走出来的。这个不同的方式里面，其实带有比较强的命运感。

我自己小时候，几乎没有什么书可以阅读，但是有两类书的阅读，对我而言就非常重要。

我堂哥家里有一些他叔叔读中小学时留下来的语文课本。这些语文课本后来我也读到了，让我觉得非常惊奇的是，这些语文课本很像我想象中的语文课本，里面有很多寓言故事，给我留下了非常深的印象。

这些寓言故事主要改编、改写自世界各国的寓言，特别能启发人的智慧。我经常讲的“我就要拿出我父亲的办法来”，就是我从那些语文课本里面看到的。这个故事讲的是一个人骑着马出去，到了村口的时候，被对面骑马的人把马鞍给碰坏了，然后这个人就跟对方说：“你赶快帮我

把马鞍修好，要不然我就要拿出我父亲的办法来。”对方听了之后很紧张，赶忙修理，修完之后问他：“要是我没修好，你会拿出你父亲的什么办法呢？”那个人就说：“我会背着马鞍，牵着马回家。”这个回答真让人有点想象不到啊。

我对这个故事印象很深，所以后来经常会跟大家开玩笑地讲这个故事。这个故事其实就是在告诉我们，世界上很多事情都是有另外一种智慧、另外一种思考方式的，也可以说人是有另外的路可走的，人的一生不都是在往前走的，有时候是在往后走——往后走有时也是一种非常好的选择。当然，在这个寓言故事里面，你可以翻腾出无数新的思考来，这就是故事的魅力。

很多故事哪怕再简单，你都会读出不一样的味道来。随着年龄的增长，有时候很简单的道理，你也会不断地有一些新的领悟。有人说“半部《论语》治天下”，其实不是在说你要把《论语》里面所有道理都悟透了，而是在说在解读《论语》的过程中，你会不断地获得新的领悟力，这个新的领悟力对你的生活、对你的整个人生，都有巨大的指导意义。这是我在读小学的时候一个很重大的阅读收获。

除了长辈留下来的语文课本外，我还读了不少长篇小说。我不是有很多堂哥嘛，小学高年级时，有一次，我很偶然地到一位堂哥家里，惊奇地发现他在读小说，于是我就向他借书，后来有时候我也会把从别人那边借来的书跟他做交换。到了初中，我读小说读得不亦乐乎。这些小说现在想想都很低端，都算不上真正的经典作品，有很多还有很深的时代烙印。但是对一个阅读者而言，阅读热情、阅读习惯、阅读能力的培养，比读什么更重要。我对文学的痴迷，实际上就是从阅读这类长篇小说开始的。

初中时，我的数理化一塌糊涂，连带着作文也不被老师待见。但是上了高中以后，情况发生了变化。高一的语文老师，也是我们学校教务处的副主任，发现了我的作文，让我参加了学校里的作文比赛。没想到我竟然得了一等奖，自此，我的人生好像突然开悟了。

不是说我遇到了伯乐——我不是千里马，我的老师也不是伯乐，但确实是这位老师点燃了我对写作的热情，增强了我对学好语文，写好作文，乃至学好文科的信心。

我的人生正是从这个地方开始拐弯的，从这个地方开始变得不一样的。

回想过去，我有一个比较大的领悟——我发现阅读对我的这次拐弯，对我能拥有现在的人生意义重大。这也是这些年来我一直推动阅读这项工作的动力。阅读最为重要的价值，就在于不管你读什么书，都会触类旁通，都可以思接千载。

通过阅读，你可以想象出很多东西，构想出一个跟你生活的真实世界或者经验世界完全不同的想象世界。通过阅读，你可以收获很多感悟，你对新生活、你对未来人生的设想，甚至你对美好异性的想象，都跟你的阅读有关。比如说我读《钢铁是怎样炼成的》，印象最为深刻的就是，对冬妮娅的眷恋，对冬妮娅跟保尔·柯察金两人两小无猜的情谊的向往。

阅读之于我们的意义，确实像迪金斯所说的那样，阅读把我们带往远方，带往一个没有去过的地方，带往一个瑰丽的想象世界。

今天，作为父母，其实你要做好的最基础、最根基的工作，就是鼓励孩子阅读，欣赏孩子阅读，跟他分享阅读所得。这才是家庭教育中最为基础、最为有意义的工作。

正面力量有时也会转化为成长焦虑

在我的公众号上，经常有朋友、听众留言，说对自己孩子的成长感到特别焦虑。这种焦虑，我归纳一下无非两点，其一是怕孩子会失败，其二是怕孩子以后不优秀。

其实从生命的意义来说，“更高、更快、更强”不仅是体育领域的追求，它也是人性的追求，是激励着人不断进步与发展的力量，是正面向上的力量。然而，这种力量有时候也会转化成对自己孩子成长的各种复杂的焦虑。

和我之前曾提到的找妈妈一样。首先这是一种基于人性的思考：在一个充满母爱的环境里成长，身边有母亲的陪伴，孩子自然而然地就会有安全感，有归属感。

在这样的环境中，孩子才能更自如、更自在、更自由地发展自己，成长得更正常，没有太大缺憾，没有太多恐惧。他的任性也是人性自然状态下的任性，而不是在扭曲的、压抑的、对抗的状态下表现的任性。

从人性的角度来说，他会更完满、更充实。在对待他人、对待自己、对待各种各样的问题时，他会比较自然地拿出他一直都有的态度来应对。不易动怒，不易激烈地对待自己，不会恶语相向，不会伤害他人，不会伤害自己。

其实，这都是有关人性的常识。所以在谈到家庭教育的时候，我总是特别强调，我们首先要定下孩子成长的更为重要的目标——培养一个正常的人。那么，怎样培养正常的人呢？其实很简单，让他过正常的生活，有母亲的陪伴、有父亲的温暖，得到父母和家人无条件的爱，在充满支持与鼓励的环境中成长。

我反复强调，要重建家庭，为孩子打造适宜的成长环境，最核心的就是父母要跟孩子生活在一起，孩子不能过早地送去托儿机构，不能过早地送去幼儿园，不能过早地离开父母。这是为了给孩子的成长提供一个最基本的情感保障。其必要性已被无数的医学家、心理学家、人类学家、社会学家证明。

我们今天谈教育，还是要不断地回到常识中。比如，有家长纠结孩子找伙伴这个问题。其实找伙伴也是孩子成长的方式。一方面，找伙伴可以满足他情感的最基本需求，孩子需要在人际互动中成长。另一方面，找伙伴可以让他不孤单，满足了他人际互动和游戏的需求。更为重要的是，这样培养出来的孩子，很早便拥有了与人交往的最基本的情感。

现在有些孩子过早地开始接触手机、玩电子游戏，或者过早地生活在一个相对封闭的环境里，实际上，这对孩子的情感是会产生很大影响的。

这里面确实有一点要留意：凡是出自自然的，都是美好的，或者说凡是出自天性的，都是极为重要的。之所以反复强调关注天性，是因为家庭教育最核心的目的就是培养一个普通的人、自然的人。

关于普通的人、自然的人，我特别强调要出于天性，自然而然，一切都正常。作为一个普通的人，有着人的最基本的情绪、情感和情操。因为最复杂、最深远、最博大的情怀，实际上往往都是从最基础、最亲密、最生活化的环境中，人际互动中，跟父母、伙伴的相处中，一点一滴地培养出来的。

所以无论是复杂的教育问题，还是一般的教育问题，从起点上来说，无不是从最容易的地方开始的！

如果我们将培养孩子的重点放在培养一个普通的人上，我们完全可以避免过度的焦虑、过度的恐惧，避免把社会问题，把人的成长、人所遇到的挑战过度地妖魔化。只要耐心地培养、细致地培养，在人的环境中培养，一切都会变得容易、变得自然、变得可以期待。

奶蜜盐
2
好父母帮助孩子精神成人

第2章 生命教育是孩子成长的重要营养

当我们思考孩子的问题时，

如果首先能够回到生命立场上去思考，

站在孩子这一边，孩子就会更有安全感，

就会对你更有信赖感，

这对孩子一生都是有帮助的。

对生命的接纳与理解，应成为家庭文化的核心

我所说的生命中“后天养成”的东西，指的是人身上的先天特质经过后天的各种影响与历练、经过生命的觉悟，所形成的某些特点，比如人的性格。奥地利心理学家阿德勒曾提出一个问题：在人的身上，性格、智力、身体能力，哪一项最容易改变？中国人的直接反应是“江山易改，本性难移”，认为最难改变的是人的性格。一直以来我们更相信性格决定命运，更相信性格对人有着多方面的决定性影响。其实，阿德勒经过研究认为，人身上最难改变是人的智力，然后是人的身体能力。

这一点，我从自己身上就可以看到——我的性格是一直在变化的。

大学毕业时，我老师给我写的评语是：张文质同学性格内向，不善言辞。老师不建议我做教师，所以大学毕业后我就去了福建的一个研究机构。其实从某种意义上讲，我确实是个不善言辞的，或者说缺乏主动性的人。但是，我发现，我现在的性格跟以前发生了很大的变化，表达能力也发生了很大的变化。这种自信或者说这种表达的自如，是历练的

结果，更重要的是一种生命的觉悟。其实我现在在做讲座之前仍然会紧张，每次都是这样。所以我很少会迟到，因为我需要提早到现场，只有提早到，我才能获得某种更强大的从容感。

我发现，其实一个人内向、自卑性格的养成，既有先天因素的作用，又有后天环境、文化对他的影响。有一本书叫《内向力》，书中说，美国学者研究发现，具有内向性格的人的比例其实是相当高的，占总人数的70%左右，很多成功的演讲家，其实性格都比较内向。我在讲课的时候，也经常遇到家长向我咨询，说孩子性格内向，有没有什么可以改善的建议。首先我要强调，内向是人的特点，不是缺点。你要尊重他的内向，不要夸大，不要着急，不要强制性地改变他，让他保持自己的特点、让他做自己才是最好的。在做自己的过程中，他才可能改变自己，这是一种对待生命的更为重要的意识。一方面是去接纳他，另一方面是只有在这种接纳的基础上，他才会有力量去自我变革。这样的自我变革其实都是非常缓慢的，有的人的改变可能会贯穿一生。

我曾在之前提到过我跟父亲的和解。跟父亲的和解其实就是和自己的童年和解，和童年遭受的那些挫折，包括羞辱、失败、无助感和解。

其实，这个和解是一种很重要的文化更新。只有实现了这种和解之后，你才可能在教育自己孩子时不会重蹈覆辙，不会急功近利，不会把他人的评价看得那么重要，才可能真正给孩子的成长创造一种更好的文化氛围，这种文化氛围能够保护孩子的“不足”（特点）——他就是这样的一个人，他就是生来如此。这一点我有特别的感受，比如说我的叔叔，我很小的时候就知道他的智力是有局限的，该改变的不是他，而是我们，我们要怎么接纳他，怎么对待他，怎么跟他相处，这才是更重要的家庭文化。

虽然我叔叔的情况有些极端，但是你还原一下会发现，所有的家庭不都是如此吗？所有人不都有自己的特点吗？人身上的很多特质不是生来就如此的吗？这种生来如此的东西是最不应该改变的。强行改变，一定会有巨大的麻烦——有时候会导致孩子产生对生命的恐慌，变得不能接纳自己，总以他人的标准去看待自己，或者说要求自己。

如果我们能够拥有这样的理解力，我们会更主动地接纳自我；同时，我们会把人放到一个更加开阔的背景中去看待，在面对他的种种“不足”时不再那么紧张。每个人都有他的秘密，每个人生成这个样子都是有理由的，都是极为可贵的。

我至今还记得我的女儿出生那天，我跟我母亲守在产房外。我看到她脸色苍白，十分紧张。于是，我跟她开玩笑说：“你是不是特别希望生一个孙子？”结果没想到我母亲说了一句很严厉的话：“你做我儿子做了这么多年，真的不理解我吗？家里已经有这样一个（傻）叔叔了，自从你老婆怀孕以后，我一天到晚都在提心吊胆，我哪里会想到生男孩儿还是生女孩儿！只要健康就好。”

一个孩子生下来什么没多什么也没少，平平常常，既不优秀，也没有什么明显的短板，这难道不是上天对你的一个巨大的恩赐吗？只不过，有时候看到孩子生成这个样子时，我们忘记了这个恩赐——其实反过来想想，如果孩子生来不是这个样子呢？可能从孩子诞生的那一天起，我们的命运、我们的所有目标就因此而改变了。

现在，自闭症的孩子越来越多。曾有美国机构统计，每 68 个孩子里面就有 1 个自闭症孩子。我们官方统计的结果是每 100 个孩子里面有 1 个自闭症孩子。你想想这是个多大的数字，而更可怕的是，至今还没有找到自闭症的病因！所以说，生命既是神奇的，又是非常有风险的。对生命的接纳与理解，其实要成为一个家庭文化中最为核心的东西。当然，现如今家庭中的焦虑跟社会的影响有很大的关系，但是我觉得更大的影响源于我们如何看待我们的生活，看待我们活着的意义，以及我们如何成为内心更平和、情感更从容、待人更平衡的人。

其实不同的人有不同的起点和终点。莫扎特五岁就会作曲，七八岁的时候就令同时代的艺术家大呼“既生瑜，何生亮”，感叹自己怎么会跟这么奇怪的天才生活在同一时代。这种天才不是教育出来的，他生来如此，天才的成长轨迹不是谁可以规划的，天才的成长方式不是常人能理解的。

因此，对我们普通人而言，对普通家庭而言，接纳孩子，理解孩子的生命特点，理解孩子的根本需要，才是家庭教育中最重要的。满足，充分满足孩子天性中的普遍需求，才是家庭教育中最重要的工作。

丑小鸭、老鸭子都可以有精彩的生命

有一个经典童话，我相信几乎所有人都读过，那就是安徒生的《丑小鸭》。这个故事，即使在那个物资匮乏的年代，很多人也都读到过，当时感觉很励志。后来，我做教育研究工作之后，经常会到学校里面听课。《丑小鸭》的故事，我听很多老师讲过，每次听都有不一样的感受。

记得有一次我在河南省南阳市一所小学听《丑小鸭》，后来他们就跟我说："张老师，要不然，你也接着上一节吧。"开始我有点犹豫，毕竟是一年级的孩子，而我确实没有给一年级的孩子上课的经验，但后来经不起大家的劝说，我还真的上了一节《丑小鸭》的课。当然，我是在上一节老师的基础上接着上的，其实也就是跟孩子们一起讨论《丑小鸭》的故事。

孩子们对《丑小鸭》的故事很好奇，好奇什么呢？他们好奇丑小鸭长大以后，老了以后会变成什么。故事里说，丑小鸭变成天鹅。但是孩子们的想法是各种各样的，有的孩子就想：是不是所有的丑小鸭都会变成天鹅呢？那为什么有那么多鸭子长大以后变成老鸭子，而没有变成天鹅呢？

还有一些孩子问："丑小鸭怎么知道自己已经变成天鹅的？"这个问题有意思吧？没有人告诉丑小鸭它已经变成天鹅了，它是怎么发现自己变成天鹅的？故事里虽然说，丑小鸭总是被人嘲笑，特别自卑，一个人孤零零地离开了鸭群。但安徒生也有交代说，这只孤零零的小鸭子到了湖边，看到了一群天鹅，它知道天鹅是什么样子的。等它长大之后，有一天它从湖面上飞过去，从湖面的倒影里看到自己原来也变成天鹅了。小朋友很有意思，你别小看一年级的孩子，这些一年级的孩子后来就感慨说，还好这个湖的水很清澈，要是湖水脏兮兮的，丑小鸭就看不到自己已经长成天鹅了。你看，这里面又引出了另外的话题，可以说是环保的话题，也可以说是成长的话题。为什么说这是一个成长的话题呢？因为那个湖面也可以指老师、指父母，父母要有清澈的心灵，才能照见自己孩子美丽的身姿。父母当然要对孩子抱着很大的期许跟期待，要希望他最终能够成长为他自己。

还有一次，我去另外一个地方的小学讲课。当时在那所小学，《丑小鸭》还在三年级的教材里。恰好那次我是听三年级孩子的课，听完课我就问孩子们："丑小鸭长大以后会变成什么？"孩子们说："当然是变成天鹅了。"我接着问："它如果没变成天鹅呢？"孩子们说："这是不可能的，因为它妈妈下的蛋就是天鹅蛋，所以它一定会变成天鹅。"孩子们的说法很有意思，丑小鸭之所以能变成天鹅，最重要的并不是它特别能吃苦、特别勤奋、特别励志，特别有奋斗的信念，最重要的是它妈妈下的蛋就是天鹅蛋，只不过这个蛋散落在了鸭子蛋里。所以不管怎么说，哪怕它不努力、不勤奋，甚至什么事都不做，只要它能活下来，它最终都会变成天鹅。当然，如果它不勤奋，可能也飞不起来，可能也活不下去。不过，多亏了它又勤奋，又励志，又不断地奋斗，最后真的成长为一只美丽的天鹅了。

通过这个故事，安徒生其实也是在告诉你，要相信自己，要相信自己的独特性，要相信自己的价值。你本来就是天鹅，无论你长在哪里，你只要相信，你最终就会成为美丽的天鹅。我相信很多老师都会跟孩子讲这一点，不断地提醒孩子要奋斗，要信赖自己。但是，在生活中，如果你真的是一只小鸭子，你最后肯定是长成老鸭子。老鸭子是你的归宿，但这不代表你的一生是个悲剧，你还是可以有一个完美的鸭生的，拿我自己来说，我就是一只鸭子，我长大以后变成大鸭子，老了以后变成老鸭子，我就是这样一只快乐的鸭子。我经常会谈到，有时候孩子的学业不是那么顺利，学习比较落后，甚至考学失败，但这并不代表他整个人生的失败，他还是可以过好自己的人生，他还是可以找到自己生命的寄托的。所以，不要打击丑小鸭，也不要打击丑老鸭，每个生命都有其独特的闪光点，每个生命都是珍贵的。

天才难得，不要试图培养天才

在广东省东莞市做家庭教育讲座的时候，我讲到了一个观点，就是要把自己的孩子当成“二等生”来培养。

我谈的观点是，当你把孩子当成二等生去对待的时候，你的重点会放在哪里？我之前也谈到过，我们真的不能把自己的孩子想象成天才，因为天才靠的是与生俱来的天赋。虽然李白说过，天生我材必有用，每个人都是“天才”，但其实当我们说到天才的时候，往往指的是一个人拥有过人的智慧，而这些智慧往往不是靠后天训练就能得到的。

就像孔夫子说的，有的人是生而知之，有的人是学而知之，当然还有的人是在具体的实践中获得真知的，但是最神奇的可能还是生而知之——只是你不知道而已。昨天我在公园散步的时候，碰到了一个小男孩。他坐在推车里，由奶奶推着。我跟他聊天，孩子奶奶说：“他还不会说话，但你说的话他听得懂，你看他会摇头、会点头。”我问奶奶孩子几岁了。奶奶说：“孩子一岁半了，小男孩，还完全不会说话。”于是，我就跟她说："这样的小朋友虽然说话说得晚一点，但等他说话的时候你就发现他很可能会说完整的一句话，因为这么长时间他都在听，都在学习。所以当他会说的时候，你会觉得他比一个字一个字说的小朋友好像要厉害一些。"

有人统计说大多数孩子都是先叫爸爸的，最早的五个多月就会叫爸爸了，我觉得这其实也正常，不过五个多月就会叫，也蛮神奇的，我记得我的女儿是七个多月会叫爸爸的。其实五个多月、六个多月、七个多月或者一岁多会叫爸爸都是很正常的。但是你不能想象，孩子一生下来就会叫爸爸，那太天才了，这个天才会把你吓坏的。你可能会惊讶自己怎么生了这么一个不可思议的人，就像一个小妖怪一样，他太反常了。其实天才就是有点反常，天才就是与众不同，天才天生就拥有一些知识，你说谁能教他呢？很可能他比老师都厉害得多。

天才往往性格都比较古怪。比如奥地利的天才哲学家维特根斯坦，这个人特别傲慢，他经常觉得自己写的文章老师都看不懂。他在博士论文答辩的时候，根本懒得多说，他觉得反正谁都听不懂，也不要紧，听不懂就算了。你知道参加他论文答辩的有一位哲学家是谁吗？罗素！一位很有名的哲学家、数学家，还获得过诺贝尔文学奖。维特根斯坦年轻的时候——很年轻，才十几岁，曾经给罗素写过信，把文章寄给罗素看，想让罗素判断一下他到底是不是天才，如果他不是天才，没有这个独特才华的话，他就不活了。这也太可怕了。

天才往往都有这种比较古怪、令人不可思议的地方，很多天才都特别难跟人相处，无论是跟家人，还是跟别人。其实，核心的原因是他没办法跟自己相处。上面提到的罗素就是一个很典型的例子。罗素曾经到一个很贫困的地方的一所小学做义工，主要任务是给学生上课。可他只看重那些有天赋的学生，把一个笨学生给打得半死，最后只好离开那里。

很多天才都有各种各样的很古怪的东西。从概率的角度统计，天才往往寿命不长，总是短命；天才往往不合群，脾气古怪，一般人根本管理不了天才。所以说，天才也不全是优点，也有很明显的缺点。我想，哪个家长都不希望自己的孩子短命、不合群吧，从这个角度来说，孩子不是天才也有不是天才的好处，至少他能享受更多生命的乐趣。天才如果生在一个贫困的家庭也很麻烦，因为没有条件培养他。

当然，真正的天才是很少见的。今天我们想到天才的时候，经常想的是那些考试考得好的人，我们经常把这样的人当成天才。其实这样的人也不见得就是天才。

有位历史学家的记性特别好，学外语也学得很快，他的第二外语是日语，刚一学就把一个已经做了十几年翻译的同学给比下去了。后来，这位历史学家到日本的时候才发现，他的口语跟听力完全不行，他只是会记单词，只是特别会考试，在考试方面特别有天赋。不过记性特别好，也是一种天赋。很多人写文章说到这位历史学家，都说他记性特别好，过目不忘，出去旅游，到任何一个城市，那里所有的街道、建筑物他都非常了解，历史典故他也信手拈来，就好像长期生活在那里一样，这也是很让人佩服的。

我们可能会很仰慕天才，但天才是可遇不可求的，不是简单地说你想培养就能培养出来的。所以对于你的孩子，其实你更要想的是，他天生如此，如果他不是那么聪慧，如果他稍有一点笨，那也是天生的，不是你能改变的，而且说不定笨一点的人更有福气。

强身是王道，985 是问道

上一篇我们谈到了“二等生”这个话题，当然“二等生”这个词不是一个非常科学严谨的界定，而我使用这个词指的就是普通的孩子。关于“二等生”的学业表现，如果一定要给一个比喻的话，就是高考成绩大概接近“211”，在“211”跟普通大学之间，还没有达到“985”。我这么一说，有的家长会觉得我的孩子最好要考“985”，其实仔细分析一下，考上“985”真的没那么容易。

有一次我在安徽讲课，有一位高中的老师就说到他对自己孩子的未来很焦虑，我问他焦虑什么，他说虽然孩子学习成绩都挺不错的，但他还是希望孩子能考得更好一点。我说考得更好是指什么，他就说考“985”。我接着问：“这是一个非常好的愿望，但我先问你一下，你们夫妇两人是不是都是‘985’毕业的？”他说：“都不是，我们都是一般大学出来的。”我的意思当然不是说作为父母你都不是“985”毕业的，你孩子就考不了“985”，我是在强调，要考一个特别好的大学，真的是挺难的。

这既需要有天生的优势，又需要有后天的一些具体的帮助。

现在大家都很信赖补课的机构，助学的、培优的机构，但仔细了解一下，你会发现补课很费钱，需要很多的钱。我跟这位老师说，你是一位普通老师，说实在的，如果你想送孩子到很有名的机构补课，一节课要花上几百甚至上千，甚至两三千块钱，这也不算少了。即使真能拿出来，你也不要拿这个钱“去给孩子补课”，拿来培养孩子强健的身体更重要，没有好身体他很可能上不了“985”，甚至连上“211”都有困难。但是如果他的身体特别强健，一生少生病，不仅可以省好多钱，也可以多做很多工作。你们想想是不是这样？少生病的人体验快乐的机会是不是更多一些呢？少生病的人在遇到各种困难时，是不是更有勇气与信心应对呢？少生病的人是不是抗挫能力更强呢？

传统武术就是一种不错的强健体魄的办法。我看过一位大师跟一个业余搏击手对打的视频。其实还没开始打，我就知道所谓的大师可能是一个大忽悠，因为真正习武之人的身体素质和精神面貌是一眼就能看出来的。当然，这里我所说的核心问题不是说让你的孩子学武术是为了跟人打架，而是说他的身体如果特别强健的话，他对自己的生命状态就会更有信心。

我以前也谈到过，一个人活得久，活得健康，活得特别开心，这才是真正的王道。而且，只有能够自助的人才有能力助人，对吧？看见他人需要帮助，身体较差的人不一定帮得了、扛得住，而身体强健的人就可以。

有一次我从公园运动完回家，在路上看到我们小区的一位女士在艰难地往台阶上推一辆推车，可推车太重了，她试了几次都推不上去。当时我很想助她一臂之力，但是我突然想到那几天我的腰好像不是很好，就没去帮她，为此我觉得挺羞愧的。本来我应该有点绅士精神，帮帮这位女士，但是我发现自己没这能力，就不敢逞强了。羞愧就羞愧吧，总是会有人帮助她的，等着那个能帮助她的人到来吧。

其实在我们当前的教育里存在一个很明显的问题，我曾多次强调过，那就是运动缺失，我们的孩子练得太少了！你们说说我们的孩子看上去身材怎么样？中学生还看不出，是吧？那等他二十几岁了，你能不能很明显地看出来，他是运动型，还是从不运动型呢？年纪轻轻，小肚子就挺着，手无缚鸡之力，脸色苍白，背微微驼着，还架着一副厚厚的近视眼镜，这个形象可真不好。

很多父母对孩子的形象并不太在意，他们更在意的是孩子在班上的排名、考试的排名，而不是体育的排名、身体能力的排名。所以我觉得这真的要天天讲，要经常讲：父母要跟孩子一起动起来，父母要在这方面给孩子做一个示范。

教育托底的中心：保命、活命、生命

在跟校长们聊天的时候，他们经常会问我一件事，我研究学校教育、课堂教学这么多年之后，为什么要转向研究家庭教育？我对家庭教育的研究有什么期待？

我说了我的一个观点，这也是我内心比较坚定的一个信念。我这些年研究教育，从来没有想到过要办学校，或者助力学校培养优秀的学生，培养那些在大家心目中能够为学校争光、为家庭争光、为自己争光的孩子。我大概觉得自己没有这样的能力，自己也不是这方面的人才，所以我的心思也没有放在这方面的研究上。今天要使一个孩子能够上清华北大，上所谓的“双一流”大学，除了孩子自己的天分和家庭的支持之外，很可能还需要各种各样的技巧。我真的从来没有研究过考试技巧。在考试方面，我自身就是一个后进生或者说就是一个差生，各学科能力的发展也一直很不均衡，有很多领域是我的空白，我也没想去补课，也没想在这一方面能够有什么作为。

这个话题并不重要，毕竟，有些事情总是会有人去做的，而哪些事情是适合我做的，这才是更重要的。其实我研究教育最核心的目的，可以说有三个方面：

第一点，我希望教育能够更人性化，能够让所有的人都感到温暖，感到有尊严，感到有奔头，感到通过受教育会有更好的未来。教育是向上的，教育能够带给人希望，这个希望既是整体性的，又是给予每一个个体的。让每一个个体欣欣然，让每一个个体充满着成长的欢乐，让每一个个体都活出自己的样子，这是我思考教育的动因。如果用我的一本书的书名来表达的话，那就是“回到每一个人的生命化教育”，这是我最大的期许。

第二点，我希望老师能够更幸福，老师幸福了学生也会更幸福，老师快乐了学生也会更快乐，老师进步了学生也会进步。同时，老师的任何改变，对他们自己的孩子、自己的家庭也是很重要的。我经常会想到教师这个群体，在中国，教师总共有将近 2000 万人，也就是说涉及 1000 多万、将近 2000 万个家庭。你想想看，如果因为父母的工作、父母的追求、父母教育观念的变化、父母养育孩子方式的变化等，这些家庭先幸福起来了，或者这些家庭的孩子变得更快乐了，这就是中国教育一种进步的体现，这种进步会汇集成整个社会进步的中坚力量。

第三点，是我要说的更托底的观点。研究教育、研究家庭教育，我最核心的，最心心念念的，寄托最大希望的目的并不是实现所谓的优质教育、成功教育或者是卓越教育，而是实现保命教育，是让每一个人活下来的教育——让每一个人都能更顽强地活下来，无论遇到多大的困难险阻、多大的挫折、多大的屈辱、多大的人生麻烦，都有勇气活下来，有能力活下来，能够活得更坚定，拥有强大的生命意志。这是我现在工作、研究和努力的方向，也是我对教育最托底、最核心的认识。

这些年，我真的为各地发生的青少年的轻生事件，感到痛心疾首，时常是泪流满面。我真的很愿意去关注、帮助、影响更多的人，哪怕是偶遇的人，哪怕是在路途中碰到的人，哪怕是只有一面之缘的人，不管是朋友，还是来向我求助的家长。总而言之，我要天天讲、年年讲、月月讲，一直不停地讲，希望有更多的人能够提高自身的生命意识，有更多的父母能够把孩子的生命放在第一位，始终秉持着坚定的生命关怀，去真切地关心自己的孩子、陪伴自己的孩子、推动自己的孩子生命的成长。

这既是常识，有时候又需要有强大的信念与勇气。即使活着很平凡，也要活得像自己，其实是件极为艰难的事。

运动、社交、自然“三缺失”影响价值观的形成

今年春天回到乡下老家，龙眼树都开花了。花微微带点黄色，不是很艳丽，但闻上去非常清香。树上有很多小蜜蜂来回忙活，院子里面的鸟也是成天鸣叫个不停，一切都是那么美丽、温馨。

周末、节假日或是比较闲暇的时候，我都会回到乡下，一是为了看望父母，二是为了能坐在院子里放松放松。那种感觉特别舒畅，连精神都能够得到某种舒缓。

我很早就说过，现在有很多孩子有三个方面的缺失：

一是“运动缺失”。现在的孩子在运动上花的时间实在太少了，流汗的时候也太少了。有很多孩子是害怕流汗，有的流汗也是因身体太虚体力不支，而不是因为运动量大。

二是“社交缺失”。一般的交往不能称之为社交，社交是有目的性、娱乐性的，是有意义的。一个人只有拥有足够的闲暇时间，才能拥有真正的社交。社交就是通过交流、分享或其他一些娱乐方式，真正地让自

己得到放松，同时满足与他人交往的需求。一个人如果长久不跟人社交，他往往心理上是会出问题的。

三是“自然缺失”。我们太少有时间与机会能够在自然的环境里，跟泥土，跟清新的空气，跟鸟语花香亲近了。大自然里面其实饱含着我们生命的各种需要，回归大自然，人的整个精神都能得到放松。我们中国古代那些伟大的诗人留下了很多关于大自然的经典诗歌，这些诗歌，一方面是对大自然的歌咏；另一方面其实也是告诉人们，在大自然中恬静、舒适、从容、美好地生活，可以让灵魂得到非常好的放牧。

其实对任何一个孩子来说，这三个缺失都是非常严重的问题，少了哪一个都很麻烦。如果三个都缺，麻烦就更大了。从不运动，极少与人社交，一天到晚宅在家里、宅在学校之中，这对谁都是巨大的精神压抑、精神束缚，甚至精神伤害。运动、社交、自然“三缺失”会严重影响一个人价值观的形成。

除了上述三方面“缺失”外，父母自身的价值观对孩子价值观的形成也会产生很大的影响。经常听我课的人都知道，我反复强调“生命第一，健康第二，品行第三，学业第四，合群第五”。其实这是一个系列，生命的系列，生命成长的系列。在这五点基础上我们还可以进一步延伸，比如说生命第一，在你看来什么跟生命同样重要呢？谈生命就要谈到“灵魂”，谈到价值观，谈到父母的价值观、生活观、世界观，谈到父母是孩子生命成长非常重要的促进者、影响者，甚至是塑造者。

那么，作为父母，今天我们要讲价值观，要对少年儿童讲价值观，要特别强调什么呢？我认为，首先是生命第一，珍爱自己的生命，珍爱他人的生命，尊重他人，不做危害他人生命的行为，不伤害人、不侮辱人、不轻蔑人，不要有打小报告、告密、揭露别人隐私、暴露别人个人信息等行为。正如孔夫子所说的，“己所不欲，勿施于人”，我觉得在今天这个价值观纷繁复杂的年代，身为父母，我们有必要在餐桌上跟孩子讲这些常识，不断强调这些常识。

孟子说过“爱人者，人恒爱之；敬人者，人恒敬之”，你希望别人怎么对待你，你就应该用什么样的方式对待他人。从父母做起，父母做榜样，父母做提醒者，父母不断地强调这样的价值观，其实这就是对孩子一生的帮助与促进。

亲情满足：回到古法孕育

父母对孩子的保护意识，是父母的天性。这样的天性有时候表现为积极的行为方式，有时候则可能是比较病态的行为方式。关于后者，我们可以从电影、电视里，看到一些极端的例子。比如说，有的母亲担心自己孩子的安全问题，不愿意让孩子上学，寸步不离地守护着孩子，可即便如此，她的脑海中还是会出现关于孩子的种种恐怖的幻想。可以想见她的生活有多么悲惨，孩子的成长会出现怎样的问题。

据我的了解，这种情形在现实生活中也是有相当程度的存在的。比如有一些妈妈在送孩子上幼儿园之后，精神完全没办法放松，没办法有安全感。她就到幼儿园里陪伴孩子，用大量的时间陪伴孩子，或者动不动地就跑到幼儿园来看望孩子。这种行为本身已经是有点病态了。可要改变她是非常困难的，就像我之前谈到的，你没办法改变一个人的经历，也没办法改变他受这些经历影响而形成的某种理解力与感受力。

其实，父母的这种恐惧本身是人类一种正常的对世界的反应。因为人类本身就生活在各种各样的艰难、各种各样的危险，甚至各种各样的悲剧之中。所以，恐惧也是人的一种本能。在不同人身上，这种恐惧本能会有不同的反应模式，这往往跟那个人早期的生活经历有关。从人类的天性而言，一个孩子从出生的那一刻开始，就需要跟母亲生活在一起，这实际上就是在满足人的本性的需要。世界上真的有一种道理就叫“没有道理”——那就是人的天性，生来就是这样的。你一旦改变它，就会改变整个人的生命走向。

我曾多次在讲座中提到，孩子要依照古法孕育。所谓古法孕育，就是要按照孩子的天性，要按照人类从古至今的方式进行哺育。其中一种哺育的方式是，孩子要跟母亲待在一起，要有母亲的亲密陪伴，要喝母乳；孩子听到的都是来自母亲的亲切的、充满情意的、充满欣喜的、充满鼓舞的声音，这种声音始终围绕在孩子的身边。当孩子什么话都听不懂的时候，他是能听懂母亲声音里的深情的，能从母亲的深情中感受到安全感，感受到母亲对于自己诞生的欣喜的。慢慢地，自然而然地，他能感受到，自己来到这个世界上，是母亲最期待的事。

孩子成长中的问题，如果我们去追溯的话，可以发现有很多问题都跟孩子过早地离开母亲，孩子太少生活在母亲身边，或者母亲跟孩子在一起时太缺少亲情互动有关。

对于这些问题的解决方法，我跟很多学者既有相同的观点，又有不同的观点。不同在哪里呢？不同就在于，我会特别强调对生命天性的尊重。我会对母亲的意义表示肯定，我认为这对生命而言最为重要。母亲最大的意义，其实就在于养育孩子，陪伴孩子，鼓舞孩子，唤醒孩子。其中，最重要的是要给孩子一种亲情上的满足，这种满足，会对孩子给予积极正面的哺育。也可以说，一个人如果从出生开始就沐浴在浓浓的爱与安全感之中，那么，当面对各种困难时，他就会更相信自己，这种自信是从母亲那里获得的。一个人如果从一开始就生活在恐惧与撕裂之中，他将很难获得这种信心。

孩子成长的很多问题，就是亲子关系的问题。每当有人向我咨询孩子成长的问题时，我总会追溯到这里。追溯到这里，就是在告诉父母，我们要知道生命的天性。

孩子生命里的“自发需求”不可懈怠

广东东莞有一位年轻的妈妈，曾向我提过一个问题，这是一个很重大的问题，也是父母们最常会想到的一个问题：教育，它最为根本的目的是什么？那几天她一直在听我强调生命教育的重要性，强调道德教育的重要性。教育的根本性目的，是我们始终都需要思考的。当然，教育是有其根本性的目的的。

鲁迅先生曾经把教育的根本性目的称之为“立人”，教育就是要使一个人的生命站立起来。生命站立起来，既需要有一个强健的体魄，又需要有一个开阔的、挺拔的心灵。当然，鲁迅先生还特别强调了，人的心灵健康跟身体健康的重要性。他对东亚人羸弱的身体、萎缩的精神面貌、粗鄙的生活趣味等进行了很多的批评。

所有的思想家，所有的教育家，都极为重视人的“灵魂”。一个人，他要有自己良好的生活趣味，要有自己独特的审美能力，要对人类的命运有自己的担当精神。更重要的是，他要始终对自己的生命抱有强烈的责任感。能成为这样的人，大概也是所有父母期许的。从今天、从当下来说，我特别强调，要做一个精神健康的人，做一个有道德洁癖的人，做一个能够与人友善相处的人，做一个不告密、不舞弊、不污言秽语的人，做一个灵魂纯洁的人。这些都是人一生最为重要的生命任务。

从父母的角度来说，如何培养孩子，才能帮助孩子成为这样的人呢？

前文其实我不断地在阐述这些观点，这里我重点说一下，孩子从出生到六岁，父母应该做些什么。

从出生到三岁。这一时期对孩子来说，最重要的是通过父母的陪伴，通过父母爱的哺育，通过父母深情的怜爱，获得生命内在的力量。这意味着孩子能够感受到自身的美好，这是家庭教育最重要的出发点，也是这一阶段的核心任务。我们总说用全部的爱去接纳孩子，去陪伴孩子，去哺育孩子，其实就是在说要用父母的身体、父母的语言、父母的实践让孩子感受到他在这个家庭里是无比重要的，让孩子生命里那些自发的需求，那些与生俱来的、自然而然发展的需求，都能够得到最为充分、最为及时的满足。你会看到，这样的孩子，他的眼睛是清澈的，笑容是灿烂的，脸庞是宁静的，他的整个身心都沉浸在一种自由成长的快乐之中。

三岁到六岁。这一时期既是孩子身心发展的重要时期，也是父母最能对生命的成长提供充足、耐心、细致的帮助的时期。这一阶段的孩子各方面都在快速地成长，他会产生各种学习的需求，展现往外界、往更开阔的世界延伸的欲望，出现生命自动自发的某一种表现——比如“捣乱、折腾、破坏”等行为，再比如非常孩子气的坏脾气。所以，这个时期，父母需要投入更多的耐心去培养一个心平气和的孩子，一个情绪、情感稳定的孩子。这对他今后生命的发展，他跟人相处的能力、处理自己事务的能力、处理自己情感的能力、处理各种冲突麻烦的能力，都至关重要。一个人缺乏爱，可能终身都会缺乏安全感；一个人在三岁到六岁时情绪非常糟糕，很可能他这一生都会生活在各种各样的精神麻烦之中。

生活的智慧在于言传身教

我母亲是一个很有智慧的人。

在我很小的时候，有一天，一个小伙伴到我们家跟我说，他在跟其他朋友聊天的时候，其他朋友都在说我的不是。我母亲知道后，就跟我说："其他人都在说你的不是的时候，你这个朋友他在干什么？"我母亲的意思是，如果他是你最好的朋友，当别人在说你坏话的时候，他要么替你辩护，要么反对别人的观点，如果做不到这一点的话，他就应该转身离开，不在现场，这才是真正的朋友。

当然，我小时候的领悟力还没那么深，后来慢慢回味，我觉得我母亲说得是非常有道理的。人的学习、人的领悟，或者说人生智慧的获得，无非就是以下这几种方式。有的人是"生而知之"，特别聪慧，特别有洞察力，好像与生俱来就有某种过人的见地，过人的理解力。有的人是"学而知之"，通过学习，尤其是书本上知识的学习，慢慢地领悟到了深刻的人生道理。还有的人，是通过自己的经历进行学习——个人的经历、个人的经验同样是非常重要的学习素材。

我经常回味自己经历过的事情，包括童年，今天所碰到的事，我自己跟父母的关系、跟孩子的关系、跟伙伴们的关系，以及周遭发生的种种事情。我认为，通过回味，我们可以不断加深对很多人、事、物的理解，比如一些来自父母或者其他人的提醒，当时不一定能够接纳或者不一定很在意，但是过段时间回味一下，我们就会明白，这些话其实是非常有道理的，这个过程让我们对这些道理的理解也变得更加深入了。

我已经去世的奶奶也是一个很有智慧的人。从两岁开始，我每天晚上都是跟奶奶一起睡的，一直到十六岁上大学。奶奶会经常跟我说一些很有趣的话，我还想有一天能够写一本“奶奶的语录”。

比如，奶奶有时候会用一句话形容一些人，我用福州话模仿一下就是——“乌野变白尾”。除了福州人，大家肯定都听不懂这句话。这是什么意思呢？表面说的是乌鸡、黑色的鸡是不会长出白色尾巴的。深入思考一下，这是对人性的一个独断论，也就是说这个人人品不好，做人各方面都有很多问题，而且一贯如此，你是很难指望他会突然变好的。即便这个人突然做了某一件大家都认为好的事情，我奶奶对此还是会深表怀疑。她认为，有这种品行的人，是不会一下子幡然悔悟、改恶从善的，就像乌鸡不会长出白色羽毛一样。

现实生活中，事实也大体如此。当然，你可能会说，这句话有点片面，有点武断。但很多事实都证明了这句话是有道理的。我奶奶告诉我这句话，也是为了让我避免受到某种假象的迷惑。类似这样的话能够让我们回味无穷，当你生活中遇到一些人，遇到一些事，或感到迷茫的时候，这些古老的智慧能够给你很大的帮助。

我的奶奶、我的母亲，虽然都没上过学，但是她们拥有朴实的生活智慧，这些智慧一直启迪着我。我不断地去回味、去咀嚼她们说过的话，不断地悟出新的道理、生发出新的词语。

如果有一个人在议论你的一个好友，你不应该出于某种利益或者是其他的因素而去附和，你应该有你的立场。这是我母亲给我的启迪，现在回味起来，启迪还不止于此。我觉得我母亲说的话还有另外一层意思，那就是不应该在背后议论别人。有时候朋友之间确实会因某些原因不来往了，甚至反目为仇了，但无论你心里是怎么想的，你都不应该在别人面前说对方的坏话，向别人透露以前交往的过程中对方那些只有你才知道的秘密。如果说了对方的坏话，你就不是一个君子了，你就是一个小人了。小人总是乐于张扬自己，乐于高调地标榜自己，总会找各种各样的理由去贬低别人，这样的人在生活中你是需要特别警惕的。单是警惕还不够，你还要告诫自己，不要成为这样的小人，也要告诫自己的孩子不要成为这样的小人。我们要有做人做事的基本界限，把自己的事做好了，你就能够成为一个内心平和、有道德感的人。

我跟各位讲这么多，并不是在跟大家讲做人的大道理，而是要告诉你，对于孩子的教育问题，父母、家人的言传身教要比任何其他方法都有效果得多。也许当时你并没有在孩子身上看到变化，但天长日久，孩子自会在慢慢回味中发现其中蕴含的道理。

脆弱是生命特征，该拥抱还是嗔怪孩子？

有关孩子脆弱的话题，我和很多家长讨论过，但这里我还是想再特别强调一下。从生命个体而言，它的诞生真的是完美无缺的，真的可以说多一点有麻烦，少一点有灾难，极其严密、极其完整、极其神奇。所以生命特别敏感，哪里不舒服、哪里难受，都会带来一系列反应，真的叫“牵一发而动全身”，有时候甚至比“一发”还要小的事情，也会引起整个身体各种各样的反应。

前几天，我眼睛突然得了一个从来没得过的病：睑腺炎。刚开始眼睛发炎、过敏，去看了医生，没想到医生诊断说是睑腺炎，没过多久一只眼睛眼皮就耷拉下来，眼睛就看不见了，肿得真的跟鸡蛋似的。知道是睑腺炎后，我放心多了，在不知道得了什么病之前，我真是很担心。是不是眼睛出了问题？是不是身体有大问题才引发了眼睛的状况？这肯定很让人担心啊。那天做的视频号，有一些朋友看出来了，就问我“你眼睛怎么了？”还有一些朋友专门留言关心我。可见，大家对一个人的变化都是很敏感的，对别人如此，对自己更是如此。

话说回到孩子身上。脆弱实际上是生命自然的，也可以说是本质的特征。人心是肉长的，人的整个身体都是肉长的，真的是热不得、忍不得、渴不得，有各种各样的天然局限在那里。当你问出“孩子为什么这么脆弱”这句话的时候，无论你是爸爸，是妈妈，是爷爷，是奶奶，是老师，你都要扪心自问一下：你是不是也很脆弱？

人都是脆弱的，我们需要去理解孩子，不管是需要将心比心、设身处地，需要有代入感，需要有共情力、同理心，等等，这说的都是一个意思，就是你需要去体会孩子的脆弱。脆弱有的是生命本质的属性，有的则是这一成长阶段的各种焦虑不安引起的，所以你要去接纳这个脆弱，你要去拥抱这个脆弱，你要用特别柔软的言行去化解这个脆弱，而不是简单地、冰冷冷地站在高处，居高临下地批判孩子怎么这么脆弱。这个脆弱，如果你对它置之不理，甚至火上浇油，它就很有可能酿成悲剧。

曾经发生过太多儿童死伤的悲剧，其实主要原因就是我们对儿童遇到的威胁、生命的危机缺乏敏感性，缺少预警系统，缺少对孩子生命的更强烈的保护意识。

说到这里，我就想起了我女儿的一个故事。在她读初二的时候，有一天傍晚她突然给我打电话，电话里她的声音有点慌张，她说：“爸爸，我的自行车被人抢走了。”我问：“怎么回事？”她说：“车已经被抢走了。”我第一个反应就是：“不要紧，你就留在那，我马上就到。”我立刻坐了一辆出租车，赶到她学校门口。到了那边，我看见她不在，就问其他同学，其他同学说："她们去追那个偷自行车的人了。"我一听，可紧张坏了，赶忙也沿着她们追小偷的那条路追了过去，终于在路上看到她推着自行车回来了。我问她怎么回事。她说："我跟同学放学在学校门口聊天，自行车就停在边上，没想到有一个人突然冲出来就把我的自行车给抢走了，抢走后拼命地往前骑。"她接着说："给你打完电话，我和几个同学就追去了，追到一个小区里，他扔下自行车跑了，只是书包不知道被他扔到哪里去了，书包找不回来了。"孩子没事，这已经是万幸了。但是我还是很严肃地跟孩子说："你不应该去追的。"她说："不要紧，我们有好几个同学一起去追。"我说："虽然你们有好几个同学，其实也都是小孩。你们去追，如果把他逼急了，是很危险的。这个时候，我需要你做到的并不是勇敢，并不是担当，而是要有风险意识。"

当孩子遇到麻烦的时候，你要首先想到孩子可能面临的各种风险，而不是一味地指责他，或者是怪罪、埋怨他的脆弱。在孩子的成长过程中，我们是需要教会孩子具备一定的预见性的。比如像这样几个孩子一起去追一个小偷的事，我们就需要孩子能够预见到它是有很大安全风险的。当然，我后来还专门跟孩子说："以后不管把自行车停在哪里，你一定要先把它锁上，不要粗心大意。但确实丢了，那就算了，丢了就丢了吧，毕竟只是一部自行车，千万不要不顾自己的安全去把自行车给抢回来。"

当我们思考孩子的问题时，如果首先能够回到生命立场上去思考，站在孩子这一边，孩子就会更有安全感，就会对你更有信赖感，当孩子遇到麻烦的时候，他就会第一时间向你求助。

有时候变换环境也是在变化思维

经常听我课的人都知道，我成立了一个机构，叫“奶蜜盐成长学院”。基地坐落于广东惠州非常有名的一座山——罗浮山中，方圆2000多亩，有森林，有湖泊，有非常漂亮的校舍。

一年暑假，我们曾在那里做过一个叫“学习力”的夏令营，时间是二十一天。在这二十一天内，孩子要远离电子产品，回归大自然，过一种正常的生活。

什么叫正常的生活呢？正常的生活对孩子来说，一个是集体生活，一个是学习生活，一个是户外生活，一个是劳动生活，还有一个是游戏生活。

我看到我们团队的老师们发来的照片，在这么美好的一个环境里生活，我觉得真的是太有吸引力了。只要在山里待过的人，在乡村待过的人，就一定知道那里的空气有多好——那里就是一个天然的氧吧！大自然有最好的治愈功能，在那里你跟大自然紧密地联系在一起，你整个人的精神都会变得放松，所有的毛孔都会打开，你会觉得无比舒畅，你所有的思维都会变得极为活跃。

这就是人的天性。人类从很早以前，就生活在这样的环境里，所以一旦回归自然，人的天性就复活了。在这样的一个地方，通过二十一天的夏令营，让孩子爱上运动、爱上劳动、爱上写作、爱上艺术、爱上创造、爱上探究、爱上大自然。

说实在的，今天我们的很多孩子在成长过程中，真的是有很多症结的。比如在学业上没有信心，没有远大的人生目标。有很多人，你也不能说他没有信心，没有远大目标，他最大的问题在于注意力不集中，不能持续地学习，做作业的时候粗心大意，总是犯错。这些问题，我觉得光靠在教室里面训练，光靠在家庭里面训斥，是不能解决的。有时候，有些问题可能需要换一种生活，改变一下环境，才更容易解决。如果你只在问题里面打转，是解决不了它的，此刻，你需要换一个轨道，换一种思维。

有一些孩子对自然“无感”。这你不能怪孩子，因为孩子一直生活在钢筋水泥的森林中，从家到学校，从课堂到家庭作业……这一切，对孩子来说，非常容易迷失方向，非常容易感到厌倦，非常容易知觉迟钝、情感粗糙，所以孩子有时候才会沉迷到各种各样的游戏，各种各样不好的行为中。

有一些孩子完全不会社交。今天这个社会是一个开放的社会，也是人际互动的密切度与复杂性前所未有的一个社会。现在所有的国家都很重视孩子的社交能力。因此当我们说到对孩子的培养时，当然也就包括孩子的交际能力。不过“交际能力”这个词在我们的教育词典里经常是一个贬义词，这个人太善于交际了，那个人是朵交际花——这都是贬义。其实，我们应该从正面肯定“交际”这个词的重要性。

一个孩子喜欢跟人交往，富有魅力，善于表达而且表达很得体，讨人喜欢，这是多么重要的素养啊！如果孩子非常胆小怯懦，不敢在别人面前自如表达，不敢在别人面前大胆表现，不敢在别人面前出一下所谓的“丑”，那么孩子的成长很可能会遇到麻烦。害怕出丑，甚至没有勇气去“出丑”，可能就会失去某些自我完善的机会。人的成长不就是要经常“出丑”吗？你为什么这么在意“出丑”呢？一个人能够让别人感到快乐，能够在别人面前有幽默感，非常风趣，善于自嘲，有很强的表现力，这多好啊！

当然，还有一些孩子不爱运动。我们现在的一些孩子特别没有运动能力，不是怕流汗，就是怕晒黑。流汗的问题我讲过好多次，这里我说说肤色黑白的问题。我认为我们对所谓的“美白”“白就是美”太痴迷了，这种痴迷甚至有点病态。我的家庭教育指导师，前几天发了一些国外朋友孩子的照片。这些孩子都是著名大学的博士，从传统意义上说，都是学霸，而我要着重告诉你的是，他们全都非常非常健壮，全都晒得非常非常黑。虽然如此，但他们看上去很阳光。这里的“黑”是一个人幸福的标志，也是一个人魅力的标志。

针对孩子成长的这些症结，我们机构开了自然课程、人文课程、艺术课程、劳动课程，培养孩子各种各样的生命能力，从内到外的生命能力。所以我们选择了这么好的一个地方。在那里，你不用担心他作业做得怎么样了，不用担心他没有朋友，不用担心他对自然有一种疏离感。我们就是想让这些孩子变成“野孩子”，既懂规矩，性格又开朗活泼，并且善于跟别人交往。等他回来的时候，你会发现他已经交了一大堆的朋友，而且作业完成得很有创意，人也长高了，很多的能力，特别是户外生活的能力全都具备了，这多好啊！

孩子的生命教育，怎么重视都不为过

有一段时间，在几个发达城市发生了多起青少年轻生事件。对此，有些朋友问了我一个特别直接的问题，就是为什么在经济发达、社会文化比较先进的地区，学生轻生的事件反而更多。

说实在的，所谓的“反而更多”，我没有具体的数字比较，不能下判断。但是这些事件引起了当地政府，包括相关教育部门的高度重视，是一个事实。

前两天，一所中学的主任，跟我谈起了这个问题，说他们学校要开展生命教育的班会课。昨天，一所小学的校长和老师也跟我探讨了这个问题。确实，对这一点引起重视是非常重要的。

我们不能漠视生命，对频繁发生的不幸事件我们是要高度重视的。但是为什么偏偏在这些地方发生呢？大家通常会认为，在经济文化发展较好的地区，家长的素质更高，对孩子的家庭教育，包括生命教育，应该做得更好。

但实际情况并不完全如此。在经济发达的地方，父母往往工作更为忙碌，他们关注家庭的时间，包括陪伴孩子的时间，反而可能更少。另外，有不少家庭还存在这样一种情况：孩子出生以后就被送到爷爷奶奶、外公外婆家里；或者，被送回原来的老家去。这样一来，父母与孩子之间的亲密感是缺乏的，他们之间的亲情交流，对比较重要的问题互相发表意见，展开真诚、深入、细致的交谈，都存在着很大的困难。而父母与孩子亲情的紧密程度往往决定了孩子对生命，包括对自我生命珍惜的程度。这是一个比较严峻而现实的问题。

另外，在经济更为发达的地区，竞争更为激烈，不仅工作环境中有竞争，人与人之间，家庭与家庭之间也存在各种内在竞争，比如你居住的学区、你的财富状况、你的社会地位。关于孩子的学业同样有竞争，包括孩子上什么学校、孩子的成绩如何、孩子的排名如何等。

所有这些竞争，又会影响到父母的心态，影响到父母跟孩子之间的交流，影响到父母对待孩子出现的各种问题的态度。父母往往会不再富有耐心，不再心平气和，对孩子的言语开始变得粗暴。随着孩子的成长，尤其是孩子上了三年级之后，父母往往会更加焦虑，更加急躁。亲子之间，可能一说就冒火，一说就吵，根本没办法深入地进行交谈，进行交流。

这就使得家庭内部存在着各种风险。由于多种原因，这些风险，有时候会被远远地低估。

比如有个五六年级的孩子痴迷网络。起初，他的父母并未放在心上。

直到父母发现孩子用他们的手机给游戏充了几千块钱时，夫妻之间产生了严重的冲突，互相责怪。但万万没有想到，在夫妻发生冲突的时候，孩子离家出走了，还差点出了危险。

这种冲突本身是导致孩子做出这一冲动行为的一个原因。孩子痴迷网络，跟孩子的娱乐方式、他与他人的交往以及孩子其他兴趣的缺失等可能有关系，但跟父母对他的管教失控一定有关系。从这里也可以看到，在很多家庭中，父母对孩子的情况实际上是不太了解的，对孩子的关心是不够的。对于孩子的心理状况及其所隐含着的各种危险，父母疏忽大意了。

其实，危险就在生活之中，就在每个孩子成长的过程之中，可以说，所有的孩子在成长中都会面临很大的风险。只是有些父母低估了其严重性，或者从来就没有想到过这些问题。

不要忽视孩子之间可能存在的危险

我看了一个让我非常惊悚的视频。

在一个很高的楼房顶层平台上，一个十多岁的小女孩带着两个比她小两三岁的小朋友在玩。两个小点的孩子站在栏杆外面移动，离地面几十米高，而这个十多岁的小女孩却在边上更安全的地方待着，看着两个小朋友在危险边缘徘徊。

拍这个视频的叔叔提醒她们太危险了，要她们赶快回到安全的地方，然后说要把这件事告诉小女孩的妈妈，没想到这个十多岁的小女孩扑上来就抢视频拍摄者的手机。

这个视频，很多人看了都感到无比惊悚，跟我的心情是一样的，我真的感到非常害怕。孩子在那么危险的地方玩游戏，一掉下去肯定就没命了。

这个小女孩显然知道两个小朋友在栏杆外玩是很危险的，她自己就站在一个更安全的靠栏杆边的地方。有很多人猜测说，她可能是在等着这两个小朋友掉下去。也有人说，这个小女孩身上有一种非常黑暗的人格，还热烈讨论这种人格到底是怎么形成的，是不是小女孩的家庭对她起到了非常可怕的影响。

如果网友猜测是真的，那么这样的孩子在家庭里往往是缺爱、缺温暖、缺鼓励、缺善待的。孩子在家庭里面感受不到平等跟尊严，所以她的整个人格就会朝着扭曲的方向发展，很容易产生期待别人惹上麻烦，期待别人出现各种各样状况的心理。

我真的希望这个视频是假的，真的希望这个视频就像拍电影一样是故意拍出来的。说实在的，看了这个视频之后，我的心情怎么都好不起来。

之前我在一些节目里谈到过为什么十三岁之前的孩子在一起玩游戏时，大人需要在场。大人在场首先是对孩子整体的保护，也就是说大人在场就不会有意想不到的事情发生，不仅可以防范某些不良成年人的侵害行为，也可以防范孩子之间可能发生的各种问题。

在这个年龄阶段，孩子之间有时候也可能发生各种各样的危险，就像这个视频里面的小女孩一样，她把自己的小伙伴带到了非常危险的地方。当然，有时候会有另外一种情况，就是孩子之间发生冲突，这时也需要有大人在场，及时地帮孩子们化解矛盾，解决孩子之间出现的各种各样的问题，这样小朋友之间的霸凌现象就会少很多。一群小朋友在一起玩的时候，各家父母应该轮流出来照看，这会让小朋友更有安全感，发生状况时也能够迅速处理。

父母往往会特别注意防范孩子跟陌生人之间的交往，或者是特别警惕环境里的危险，却很容易忽视小伙伴在一起玩耍也可能存在着危险，有时这种危险甚至还要更可怕一些。说到这，我想起了自己童年的一个情景，这个情景给我的记忆留下的烙印也是非常深的，因为只差那么一点点，就会发展为一场悲剧。

那个时候我大概也就是八九岁吧，我和一群小伙伴一起在一个池塘里玩。那时我还没有完全学会游泳，刚学会简单的狗爬。我们就在池塘里用狗爬式游来游去，游着游着我有了一种冲动——我很想尝试游远一点。

这个时候我的一个小伙伴就怂恿我——“你去游，我负责保护你”，他比我大，在这一群小伙伴里面算是“带头大哥”。我知道他会游泳，开始的时候我有点犹豫，他就嘲讽我，于是经不起他的再三怂恿，我就下水了。

然后我开始往这个小池塘的对面游去，这个小伙伴一开始是紧跟着我，游在我后面，但是游了一两米之后他就往回游，不想再往前了——说好了要保护我的，可他真的就没有想过要履行承诺，或者他自己根本就没有能力履行。

那个时候的我进也不是，退也不是，只好硬着头皮往对岸游去，在游的过程中，我多次尝试用脚往下踏，看能不能踏到底，每踏一次恐惧就会加深很多，那会儿我真的在挣扎着、拼命地往前游。还好快到池塘对岸的时候，有另外一个小伙伴伸出手来拉我过去。

实际上，有很多小朋友就是在这样意想不到的地方、意想不到的时候发生危险的。这样看来，父母不在场，真的很麻烦。关键时刻，所谓的大孩子是靠不住的，实际上他既没能力，也无比懦弱，甚至他可能还有一些很阴暗的心理。所以父母不在场，孩子就真的无时不处在危险之中！

孩子被打伤了，父母应该怎么做？

有一个五年级男孩的妈妈向我求助，说孩子被同学打了，伤得有点严重，太阳穴挫伤，被打了二十几拳，而且打的还是脸跟头。孩子被打成这个样子，作为妈妈，她首先非常心疼，心里很难受，然后就开始怀疑自己的教育是不是出差错了，总是教育孩子要与人友善相处，不要打人。男孩的父亲也觉得妻子的教育有问题。夫妻俩觉得被别人这样打孩子应该还手，父亲还专门教了孩子要怎么还手。

我问了这位妈妈几个问题。一是有没有带孩子去医院验伤。她说验过了，就是太阳穴有挫伤。二是有没有跟班主任或校长说。她说跟班主任说了，还没找校长。为什么我要强调给校长说这件事呢？因为现在的小学里面有很多班主任都非常年轻，自己还没做母亲，才二十几岁，遇到这种事情实际上她不大能处理得好，所以我认为要向校长反映一下。我还特别强调，要告诉校长这个事情必须要处理好，学校要出面，这已经是比较严重的事情了，孩子被打了二十几拳，都算是暴打了。

我说，这事不仅要告诉校长，还要报案。因为对一个五年级的孩子来说，他已经越界了，这样的暴力行为已经超出了一般的同学冲突的范围，而且打人的这个孩子很可能是有暴力倾向的。他这么打另外一个同学，很可能不是第一次发生这种事，第一次冲突不会有如此严重的暴力倾向，所以这件事，班主任可能处理不了，校长也不一定能处理得了，还是需要向警察报案的。其实，警察的介入对学校大有好处。现在学校都配置有这个警区的专职副校长，为什么呢？其实就是学校有时需要警察的介入，需要警察来处理一些案件，给孩子做必要的教育，给孩子讲课。警察可以把这件事情的来龙去脉了解清楚，而且还可以“传唤”双方孩子的父母。这件事背后肯定是有来自家庭的问题的，所以有必要“传唤”孩子的父母。实际上这种处理方式对于所有的孩子都是有教育意义的，可以让孩子意识到是有人能够保护他的，意识到出了事情是需要有人来负责任的，意识到学校还是一个安全的地方。如果没有警察的介入，孩子的恐惧感是很难消除的。

父母的保护，往往是事后保护，而学校本身就应该建立一个安全保障体系，这样的安全保障会对这种有暴力倾向的孩子构成巨大的威慑，对他们的父母也是一个警诫。不同的问题要用不同的方式来处理。

至于这位妈妈说的，他们一直在反思自己教育孩子的方式对不对——被打了，到底要不要还手，其实这是挺难的，有时候你即使叫他还手，他都是还不了手的，就算这个爸爸还教了他怎么朝着别人的一些关键部位反击，孩子也是做不到的。一个五年级的孩子被人打了，脑子往往是蒙的，更何况这孩子很老实，从来没有暴力倾向、没有暴力企图、没有暴力行为，你让他怎么还击呢？

那么，孩子应该怎么学会保护自己呢？我们应该跟孩子讲什么呢？

针对这种情况，我认为有必要教会孩子在被打时先躲闪，后快速逃离，边逃离边大声求救，一直逃到老师办公室，逃到校长办公室。孩子真的需要反应机敏，逃得快、跑得快，这是一种很重要的自我保护的方式。当然，孩子如果能够学一些必要的自我防护技能，还是挺不错的。

我的孩子从四年级开始就学跆拳道，从小喜欢体育，也算得上身强力壮。这样，她就懂得如何处理这种事情了：第一，她不恐惧，即使被人家打了很多拳，也不会被打傻了、打蒙了，不知道该怎么办，只能傻站在那里被动挨打；第二，身体强壮以后，她的自信就强了，她就有勇气去面对了。她曾经自己处理跟后排男生发生的矛盾，这个男孩经常闹腾她，我也没教她怎么处理，我相信她有能力处理，后来她告诉我，她已经处理好了。

所以我认为父母对孩子的安全教育要分级，最低的一级就是要教会孩子躲闪，快速逃离，大声求救，这是最低的保障级。第二级是帮助孩子强身健体，让孩子有更好的自我保护的能力。第三级是，如果发生严重的事情，父母要马上找校长，要马上报案，要寻求更强大力量的介入，这才是保护孩子更好的方式。

奶蜜盐
2
好父母帮助孩子精神成人

第3章 爱是在他身上看到自己的影子

教育最核心的宗旨，

就是要尽自己的一切所能，

去摆脱各种各样的对孩子生命成长的约束、

诋毁和限制。父亲与母亲应共同努力，

促进孩子更好地成长。

父母要为孩子创造多种选择的条件

我曾看过一篇文章，是一位大学物理系的学生写的，他对自己的高中生涯做了一个反思。从这篇文章中我了解到，他的高中物理老师非常厉害，厉害到不但能把物理知识讲得妙趣横生，还能让同学们看到了远方和诗，看到了一个极其美妙的物理世界，燃起了成为一位物理学家的热情。因为这位老师，这个班上的很多同学都爱上了物理。

这位同学同样受到了老师美好的物理教育的感召，精彩的物理课堂让他觉得自己就是一个物理天才，所以考大学时非物理系不考，立志要把此生献给伟大的物理事业。

然而，等这位同学如愿考上大学物理系后，他发现，自己在物理学习方面，其实只是一个资质相当平庸的学生，在这个领域，他真的没有什么天分。这就有点难办了，他是该继续读下去呢，还是转系呢？于是他开始反思。

反思什么呢？他反思中学教师的教学质量应该要平衡一点，不能只有物理老师一个人教得很好，而语文老师、数学老师、音乐老师、英语老师等其他所有老师都非常平庸，这么一比较所有的孩子肯定都读物理去了，可物理是不是你的真爱呢？你甚至说不清楚，因为真爱是要经过检验的。

比如有一个孩子一定要学书法，他真的是自己想学吗？有没有可能是他看其他小朋友学所以自己也跟着学，或者是爸爸要他学，或者谁要他学呢？如果不是真爱，他很可能三天打鱼两天晒网，学了一段就不学了，然后家长不得不辛苦地做工作，情况从“他学习”变成“家长催促他学习”，家长和孩子都很不情愿。那我们该怎么检验是不是真爱呢？有人出了个馊主意，说要检验是不是真爱，最好是有一天生气了，把他的笔都给扔了，甚至把他打一顿。如果把笔都扔了，他又捡了回来，如果打他、骂他，不让他学，他也一定要学，这才可能是真爱。这个建议是不是妥当，读者可以自己去辨别，反正我不支持这个建议，但是我支持孩子的选择更多地要由孩子自己做主。

这位同学上了大学以后，检验了一下，发现他对物理不是真爱，是“塑料的爱”，这让他非常苦恼。

我的孩子曾经学国画，学一段时间以后，她就不感兴趣了，不感兴趣的原因很多，我就不一一分析了。她说她不学了，因为回来总要做练习。我也觉得实在太麻烦了，老是要催她，结果她只是潦潦草草地画几笔，想一想还是算了，反正是孩子自己不想学的。所以我跟她做了一次深度的交谈，交谈的主要内容是她是不是真的不想学了。她说是。于是我说："我给你两周的时间，这两周你可以周末不到老师那边学画画。两周之后，如果你告诉我，你真的不想学了，那就不学。如果你还想学，我们就接着学。"结果，过了两周，我问她："你是不是真的不想学了？"她说是的，这次我说："那你写下来，说'爸爸，我不想学国画了'，签名，然后写上日期，也就是说这件事情是你自己做的决定。"后来她真的没再学，但不上画画课不等于她对美术的兴趣就消失了。

高中的时候她对设计很感兴趣。她对绘画一直保持着兴趣，包括对其他美术作品，世界上那些博物馆里的伟大作品，她也是走到哪里，看到哪里。

这是我处理我孩子学画这件事情的方式。

当然，有一点也很重要，就是要让他多长见识，有自己的见解。对家长来说也是一样，家长也需要学会判断自己的孩子更适合学什么，而不是说大家都学音乐就让他跟着学音乐，大家都学奥数就让他跟着学奥数，大家都在学乐高就让他跟着学乐高。

多长见识、丰富阅历，然后孩子就会有自己的判断。比如说那个学生说他不喜欢物理了，如果要我给他建议的话，我会建议他转一个自己感兴趣的专业。我之前在视频课里还讲过一个朋友孩子的故事，这个孩子上了柏林工业大学之后，发现自己在数学方面没有天分，于是这个孩子就退学了。后来，他开始写作，也像他爸爸一样成了一位小说家，这也是一种方式。说到底，关键是要让孩子拥有进行多种选择的机会。

做父母需要各种投入，你做到了吗？

小学时，我们都曾学过一篇课文叫《小蝌蚪找妈妈》，内容源自我们人类的想象：蝌蚪跟妈妈的形象差距太大了，所以人类想象蝌蚪要去寻找妈妈。其实蝌蚪生下来就可以游泳，就能觅食，它是不需要妈妈的。

但是，人出生以后是需要长时间陪伴的，是需要有人喂，有人给予情感，有人提供帮助的。承担这些工作的核心人物是母亲，然后是父亲。陪伴的时间，是要足够长的，如果缺乏充分的满足，孩子就会有一种精神上的巨大缺憾，这对他之后的成长是具有决定性影响的。

孩子在母亲肚子里要经过十个月漫长的孕育过程，来到世上以后，他需要长时间在母亲的怀抱里生活。如果没有母亲的怀抱，他就不可能有安全感。即使别人也可以喂养他，陪伴他，给他情感上的安慰，但是只有来自母亲的安慰是最为根本的安慰。所以，我把来自母亲的安慰，把孩子对母亲的这种需求，称为一种特殊的需要。特殊的需要意味着，即使别人可以代替母亲，但是人的天性里对母亲的需求是本质性的。一个人如果没有母亲，如果过早离开母亲，或者虽有母亲在身边，但母亲不是真的爱他，那么这个人的精神成长，包括性格、安全感、人际交往能力等，都会受到致命的影响。

从某种意义上说，我们对人的这种需求，总体上还是低估了。我们很容易把母爱跟其他的爱等同来看，而不是将其理解为一种特殊的爱，理解为人类的特殊需求。母爱是不可或缺、不可替代的，成长过程中母爱的缺失会造成孩子心灵上巨大的空洞，而且这种巨大的空洞是后天怎么努力都无法弥补的，这一点才是最为要命的。很多人在后来发展过程中出现的情感、安全感的缺失，包括人际关系中的从容、平衡、理性等方面的缺失，都源自这一点。

其实，每个人的生命里，都有不可或缺的帮助者——说是不可或缺的帮助者就意味着，他一定是特殊的帮助者，而不是一般的帮助者，不是把孩子交给爷爷奶奶那么简单。

我接触了很多这类案例。有一次我讲课的时候，有一个小学老师在课后跟我说："我现在终于明白了为什么我跟妈妈的感情不好。我的双胞胎妹妹怎么骂我都不要紧，我都是笑呵呵的。但我妈妈稍微话说重一点，或者只要她脸色一变，我马上就非常敏感——这不是她有问题。现在，我知道了，这其实是早期成长过程中母爱、安全感的缺乏导致的。"

更糟糕的是，英国精神分析大师温尼科特在他的分析里强调，早期的情感缺乏是表达不出来的，作为父母，甚至作为孩子本人，都是不知晓这种缺乏会带来多大的影响的。等你发现的时候，或者说等一个孩子表现出来的时候，就再也难以改善了，从而变成终生的缺憾。

美国一所大学的学者在研究孩子成长早期的几种需求——对家庭富足生活的需求，对跟父母共同生活的需求，对父母充分的爱的满足的需求时发现，这三个要素中最不重要的就是财富这方面的需求。对一个孩子而言，物质条件只要达到最基本的水平就可以了。现在，很多父母把经营家庭的重点放在有更多的财富、更高的社会地位和更好的发展空间上。从父母对社会的理解来说，这种追求没有错，但是从孩子的成长来看，这会导致父母正好错过孩子的安全感建立期，错过孩子跟父母之间建立亲密关系最为有效的时间。所以温尼科特提出一个概念，他说“做父母要做够好的父母”。

我问过很多人什么叫“够好的父母”，如果有 100 分，“够好的父母”是多少分？很多中国的父母都说，至少 80 分才能叫“够好的父母”，甚至有些人说打 90 分才能称得上“够好”。温尼科特认为“够好的父母”就是及格的父母，只要你能够陪伴孩子，可以把生命的注意力放在孩子最需要你的时候，也就是在孩子三年级之前，能够给予孩子充足的爱和满足，跟他生活在一起，真正爱他，由衷地关心他，你就是“够好的父母”。之后才是对父母其他要素的更高的要求。当然，更高的要求中有一些跟家庭条件、父母自身的教养与文化程度，以及父母的社会地位有很大的关系。

满足孩子这些最基本的需求是所有父母都能够做到的。父母只要觉察到了，就应该努力做到。只要你没有做到这一点，你就不能被称为“够好的父母”。“够好的父母”一定是行动型的，他们会真正地投入时间，投入情感，投入自己的身体，这里面最重要的是时间的投入——毕竟，对一个孩子而言，其成长的最重要的过程，是需要你时常跟他在一起的。

一个孩子遇到问题了，我们有时候很容易从具体事件、周围环境，或者他所遭遇的问题本身找原因。这样找原因肯定没有问题，压倒骆驼的总是有很多稻草和最后一根稻草。其实，你可能没有想到，从教育的角度来说，从人的成长的角度来说，很多麻烦的根源在孩子童年时期就深深地埋下了。我们中国人有观点说孩子吃奶要吃到三岁。吃奶更多地可以看作是隐喻和象征，并不仅仅是物理上的吃母乳吃到三岁，它强调的是母亲跟孩子之间亲密的陪伴——这种身体上的亲密的相处持续到孩子三岁可能是最为合适的。如果一个孩子过早地离开了母亲，就等于把他的眷恋给剪断了，这种剪断造成的精神困惑和精神失恋将是一生的缺失。一个人得的病，无论是精神的还是身体的，只要是童年时得的，就是最难以医治的。看看我们身边的朋友、亲人，凡是在情感上缺乏安全感的，其实得的都是不由自主的疾病，自己控制不了的疾病，这种疾病的源头往往来自早期的家庭生活。在早期的家庭生活里，如果母亲缺席，或是母亲即使在场也像个缺席者，都是很可怕的事情。

父母的责任，你真的准备扛起了？

有一个女孩，有一天在微信里突然跟我打招呼说："张老师，我要跟你学习家庭教育了。"我说："怎么了，你要结婚了？"她说："没有，但我已经生孩子了。大学三年级就生孩子了。"这女孩又跟我说了一句："张老师，我自己就是孩子，怎么就成了妈妈了？"她确实年轻，二十二岁就做了妈妈。

我的一个朋友前几年移民去了瑞典，前不久他的小女儿出生。他老婆怀孕以后，到医院里面做产检时，找医生询问："大龄产妇要注意哪些问题？"瑞典医生就问她："你多大年纪？"她说："我三十六岁。"瑞典医生跟她说："在我们瑞典，三十六岁是生第一个孩子的标准年龄。这个年龄的妈妈，其实在养孩子上会做得更出色。"

我举这些例子，是想说明一点，其实对做母亲而言，精神的成熟，远比年龄的成熟重要得多。我们今天在理解生育时，仍然还把"母亲越年轻，生孩子越容易"这一类的思考放在第一位。其实作为一个女性，如果你自己心理没有成熟，没有要当母亲的强烈渴望，或者对于做母亲没有充分的期待和充足的准备，当你这时候有了孩子，如果孩子成长过程中遇到一些麻烦，如果孩子跟你的娱乐、你的生活、你的健康产生冲突，你会站在哪一边？孩子的成长跟你的事业发展产生矛盾的时候，你会做出什么样的选择？其实这都是我们中国文化里需要思考的重大问题。我不是说母亲自己的生活、工作不重要，但要经营好一个家庭，需要分工，需要有取舍，当你做了母亲之后，你真的需要把你的一部分让渡出来交给孩子。

其实，就孩子的成长而言，作为一个母亲，最重要的不是她受过什么样的教育，她有什么样的经济条件，或者她有什么样的社会影响力；重要的是，她是不是真正愿意为孩子付出时间、精力，甚至舍弃自我发展的机会。

家庭是孩子成长的第一所学校，父母是孩子的第一任老师。这句话在某种程度上来说是对的，但其实这句话还是有问题的。在我看来，父母真的不是老师，父母就是父母，家庭就是家庭。一个学校办得非常好，我们可以说它像家一样温馨，但是一个家庭再好，我们也不能说它像学校一样。老师做得好，我们可以说老师像孩子的父母一样；但是父母做得好，我们能说父母像老师一样吗？究其根本，“孩子成长的第一所学校”“孩子的第一任老师”这种说法里面还是有一种过度强调学校教育的观念在作祟。学校教育是重要，但，孕育、哺育，还有陪育，也都很重要。

温尼科特把孩子的成长分成六个阶段。第一阶段是从出生到六个月，这是完全依赖阶段。孩子视力的发育需要有一个过程，孩子最先看到的是母亲的胸脯、母亲的眼睛。可以说这一阶段的孩子只能看到抱着他的人，跟他最为亲近的人。如果你让他过早离开母亲，他的安全感的养成就会出现问题，亲子之间就会产生疏离感。孩子出生后有一段时间是要跟母亲保持“一体”的。所以，充分满足孩子的这种需求，是家庭教育中最重要的一步。对于家庭教育的目的，我经常会这样思考：家庭教育的核心是培养一个正常的人。只要这一步做对了，孩子的情感就是正常的。先把孩子变得正常，保持他的正常，让他始终生活在正常当中，才是家庭最重要的工作。

第二阶段是七个月到十八个月，为相对依赖阶段，这一阶段是孩子发展最快、最明显的阶段。孩子一步步地成长起来，慢慢地开始会有一些表达、一些需求。我看卢梭就有一个观点，谈孩子哭了要不要马上抱抱他。其实这是全人类的古今难题。孩子哭了要不要马上抱抱他？卢梭认为不要马上抱，因为马上抱孩子，会让孩子产生依赖感，产生贪得无厌的依赖性。但是，如今有研究证明，孩子哭了最好马上抱抱他，哭是孩子需求的正常表现，你马上做出回应之后，孩子会建立一种比较健康的跟父母进行亲子互动的模式。其实孩子不会有卢梭说的坏心眼，孩子生活得越健康，坏心眼越少。卢梭的哲学哪怕再深刻，在这一点上也不见得说得就正确。

我经常在演讲中提到几个说法，其中一个说法谈到孕育，我强调是古法孕育。我觉得古代人那样的生活有些方面是可以借鉴参考的。比如前面说到自闭症孩子数量的增加，今天还找不到原因，我认为要解决这个问题关键在怀孕早期，这一时期孕妇可能要尽量避免坐飞机、坐车、坐高铁，尽量减少待在这种密闭空间里，尽量减少孤独的孕妇生活。除此之外，孕妇最好像古人那样，保持一定的体力劳动。

对于孩子早期的陪伴，我从《圣经》里得到了一些启示，《圣经》里圣母跟圣子的相处基本上有三种状态，代表了亲子之间的三种关系。第一种是抱着孩子，或者握着孩子的手；第二种是守着孩子，充满鼓励地去影响、支持孩子的成长；第三种是让孩子走出去，即精神上的断奶。人很奇怪，越早得到充分的爱的灌注，孩子就越容易断奶。成长早期爱的灌注越是匮乏，孩子就越难断奶，越难建立自信，从而难以自立，对陌生生活充满恐惧。

孩子不小心摔跤了，父母要怎么做？

有一天，一个朋友带着他的女儿来看我。女孩一见到我就喊："张爷爷！"我是一个很喜欢跟小朋友说话的张爷爷，她一见到我就说："张爷爷，你看我的腿。"我一看，她膝盖那个地方贴了一个创可贴，我问："怎么了？"这个小朋友刚上幼儿园，话还说不清楚，她说："我摔跤了。"我就问她："你摔跤了有没有哭？"她说："奶奶给我贴了创可贴以后，我就不哭了。"

我告诉小女孩："你无论是脚摔了，还是手摔了，反正不管哪里痛，你一定要哭，一定要大声哭，一定要好好哭。总而言之，当你觉得不舒服时，你都可以哭一哭，但哭完了以后还要继续玩。你是在奔跑时摔跤的吗？反正哭完了，创可贴也贴了，就应该继续玩。以后去玩可能还会摔跤，摔跤以后再哭，哭完后再贴创可贴，再去奔跑。"我跟她说的意思就是，你去奔跑，会不断地摔跤，吸取教训之后你就不会再摔跤了，那时你就长大了。

实际上孩子的平衡力就是在运动中形成的，也可以说就是在挫折中形成的，摔跤就是他“长本事”的途径之一。他在摔跤的过程中可以学会平衡，学会驾驭自己的身体，当然在这个过程中他也不得不承受各种各样的摔跤带来的痛苦，多摔几次，他就没那么痛了，慢慢地他也就不会再摔跤了。我还告诉这个小女孩：“张爷爷家里那个姑姑（是的，我女儿也升级了，成为姑姑了）小时候腿上全是瘢痕，有夏天被蚊子咬的、被虫子咬的，有磕磕碰碰的、摔跤摔的。有时候，甚至手上也有瘢痕。姑姑脸上还缝过针呢。不过，你不要害怕。当然最好不要缝针。但是你免不了会摔跤，因为这是你长大过程中一定会遇到的问题。”

我们家边上有公园，有广场，我经常看到有很多小朋友在那里练习轮滑。有一些小朋友在练习的时候，妈妈坐在边上一直叮咛“慢一点，慢一点”。我当时就觉得她们说得不对。你可以跟孩子说“你要小心一点”“你的注意力要集中一点”“你滑的时候要专注一点”，但实在不该提醒他“慢一点”。轮滑本身追求的就是速度、身体的灵敏度、身体的平衡力。你总是提醒孩子要“慢一点，慢一点”，你认为这可以避免孩子摔跤，但其实慢一点很可能会导致摔更多的跤。

我觉得这些妈妈其实还有一点做得不够好，就是当孩子刚刚学轮滑，还是跌跌撞撞的时候，你不要只是坐在那里看着，你应该守护在他身边，而不是仅仅提醒他慢一点。因为守护在他身边就是对他最好的支持，我相信他得到妈妈的保护以后，会更大胆一些，会更快地掌握技巧，从而减少一些不必要的摔伤。

我要夸一下我自己，我孩子小时候刚开始学骑车时，我从来都不是坐在那里看她骑的，都是守在她身边。学骑自行车时是这样，刚学轮滑时也是这样。总而言之，我就是跟在孩子身后的那个人，我经常弯着腰跟在她后面，那个时候我觉得自己像一个小老头，一个紧紧地跟在孩子后面的矮个子小老头。所以我孩子从小胆子就特别大，甚至有时候胆子太大了一点，我都觉得有些驾驭不住。

但是等她大了以后，她的很多运动习惯真的是跟她小时候这种学习方式有关系。她从小爱运动，爱折腾，胆子大，其实这样的孩子不容易宅在家里，也不容易陷入对网络的痴迷，当然也不会不愿意跟人交往。你有没有发现？爱运动的人性格都特别开朗，都特别喜欢跟人交朋友，跟人打交道。因为运动本身会使得心灵变得更为开放，身体变得更为自由，情感变得更为奔放。我觉得真的可以说运动会成为人一生的财富，因为它不仅能够强身健体，不仅能够让你更信赖自己的身体，也会激发出你更多的能量与激情。

作为父母，首先在意识上你要努力地激励你的孩子，促使孩子喜欢户外，喜欢运动，喜欢流汗，喜欢晒太阳，喜欢与他人交往。当然，尤其喜欢与那些喜欢运动的小朋友交往。同时，父母还要亲力亲为，不要只是坐在那里，不要仅仅发号施令，而是要守在孩子身边。特别是当他刚起步的时候，你要给他安全感，你要保护他，你要鼓励他。这样，我相信孩子的运动能力、运动习惯、运动爱好自然而然地就会形成，而且能够不断地升级。

教育孩子为什么要有一定的“隐秘性”？

曾经有这样一个故事在网上引起了大家的关注：重庆有一居民的车被划伤，车主报了警，警察来到后调取监控，发现只有一个十岁的小朋友绕车子转了一圈，因此就怀疑是小朋友所为。孩子的爸爸赔了钱，可爸爸跟警察都怀疑这件事情可能不是小朋友干的。经过比较严密的侦查，终于还了孩子一个清白。

这件事情给我们的启示是，我们要呵护孩子的心灵，保护孩子的生命，关心孩子的成长。

孩子在成长的过程中，总是会遇到很多挑战，有时候免不了有恶作剧。或是好奇，或是内心有某种隐秘的小捣蛋心理，或是受到了其他小朋友的蛊惑，忍不住会参与到一些不太对的事情中，有时候还会惹一些麻烦。这些事情在日常生活中是常有的，关键是怎么处理这些事。

我想一想自己童年的时候，可能是父母有时候管不到，父母不在场，我时常也会做类似的事。有的是跟小朋友们一起搞些恶作剧，有的是自己因内心的某些心理搞些恶作剧，比如说有时候感到很压抑，就想折腾一下；有时候感到很寂寞，就想干一些坏事。曾经还有过莫名其妙地干了不应该干的事，干完之后特别后悔。我干了这些不太好的事，被我父亲发现后，就会被拖回去暴打一顿。记得小学三年级的时候，我才十来岁，有个小伙伴从外婆家摘了一些黄皮果回来，我们想向他讨要一点，结果去他家厨房的时候，发现一篮子的黄皮果都在那里，他人不在。走在前面的一个小朋友拿了一串吃，后面的小朋友就跟着也各拿了一串吃，吃完以后大家就都跑掉了。等那个小伙伴回到厨房的时候，发现一篮子的黄皮果都没了，号啕大哭。他比我们都小，打又打不过，只好挨家告状。我不知道其他小伙伴的父母听了以后怎么处理的，反正我是被我父亲直接揪回去打了一顿，打得我一两个月内都不敢出门，学规矩了。

后来，我反省了一下这件事，我觉得这是在我的成长过程中，我父亲打得最有道理、最让我羞愧的一次，愧的是我怎么就这么笨、这么傻，怎么就干了这么糟糕的事。所以父亲教育孩子，首先要有原则，这个原则应该有利于孩子的成长，既不能动不动就把孩子随随便便地打一顿，更不能孩子做了很糟糕的事情还听之任之，该管的时候一定要管。另外，有些事情不像偷了人家的东西这样是非明确，在没弄清楚具体情况时，父母不能随便发怒，一定要了解清楚后再决定怎么办。如果你还没有找到线索或者是事实还不清晰，真的还是要忍一忍，你不要觉得很没面子就打孩子，不要觉得很没办法就打孩子，更不能因为自己正好心情特别糟糕就打孩子。因为打孩子可能会把孩子打坏，甚至会给孩子留下长久的伤害。童年被暴打一顿，孩子往往会记一辈子。

作为父母，第一点是讲究原则，第二点是讲究教育的方法，很多时候父母要学会克服自己的怒气。教育的出发点，首先要保护孩子的身体，保护孩子的心灵，保护孩子的自尊心。孩子做错事时，重要的是纠正孩子的错误，而不是伤害他的身心。

第三点我要特别强调下，那就是即使孩子犯错了，也不要当众打，不要马上就打，不要当众进行严厉的批评，甚至用一些羞辱性的语言来批评，应该等到回家以后再对孩子进行批评教育。如果家里孩子很多，在家里也要单独教育，不要让孩子在兄弟姐妹面前感到特别丢脸。教育孩子应该是一件带有隐私性质的事，应该给孩子留下一些面子，不能因为孩子犯错就让他变得毫无尊严。很多父母可能对这一点的认识会更薄弱一些，有的父母还会觉得在其他孩子面前把犯错的孩子打一顿，会起到“打一个，教育大家”的效果，其实这是错的。保护孩子的心灵，是所有的父母永远都应该重视的一件事。

孩子上小学后，父亲成陪伴教育的主角

有一个小学的教师朋友，今年新学期开始之后特地给我发了一个微信，他说他发现了自己带的这个班级家长们的一个变化：他今年带的是四年级，往年带班往往都是母亲加他的微信，今年绝大多数加他微信的都是父亲，关心孩子学业的也是父亲，跟他反馈孩子开学初的状况的也是父亲。他觉得有点惊讶，赞叹这是一个可喜的变化。他不知道这个可喜的变化是怎么发生的，我认为整个社会对家庭教育的重视，某些教育理念的传播，包括学校所做的一些努力，可能都起到了一些积极的影响。

就我自己所做的工作而言，我到任何一所学校时都要强调，家庭教育的中心就是要不断地提升父母对孩子成长的意识、责任感与行为担当。推动孩子成长最主要的责任应该是由父亲来担当的，我经常建议学校开家长会时重点邀请父亲出席，甚至我提出应该开只有父亲参加的专场家长会。也许最需要受教育的并不是我们的孩子，而是他们的父母，其中提升父亲的基本理解力、责任意识与行为担当意识，可以对孩子的成长

起到正向的促进作用。

在我看来，孩子上一年级以后，家庭教育的重任就应该放在父亲肩上。经常有一些母亲会感慨说，孩子上小学以后好像跟以前不太一样了，怎么动不动就顶嘴，动不动就生气，好像跟妈妈的关系产生了很多变化。我说这些变化其实都是可喜的，六岁是一个非常关键的年龄，真正的教育就是从这时开始的，而这时候的教育必须由父亲来承担。毕竟，母亲在陪伴孩子早期成长、养成孩子良好生活习惯上，已经付出了很大的心力。到了这个阶段，对于母亲的那种富有耐心，有时候比较唠叨，比较絮絮叨叨的教育方式，孩子会不太习惯，不太适应，甚至会不耐烦。这时，他就会在言语跟行为上表现出对母亲的某些不满。当然，这种不满不是对母亲这个人的不满，而是对母亲的某些教育方式、对母亲跟他相处的方式、对母亲关心他的方式的不满，这是孩子长大的一个很重要的标志，这个时候父亲就需要登场了。孩子的成长需要父母双方的协作，这个时候就应该父亲向前，母亲退后，母亲成为家庭生活的主角，父亲成为家庭中陪伴、指导、帮助孩子前行的最重要的力量。

我总说，对于家庭教育，有三点是需要特别注意的：

第一，要有共识，关于怎么培养孩子，夫妻之间要有最基本的相同的理解力；

第二，要有明确的分工，各尽其责；

第三，除了日常事务的分工之外，父母出场的时间应该是不同的。孩子六岁之前，出场的主力军应该是母亲，这对孩子的成长非常重要。

如果母亲跟孩子的情感给孩子建立了足够的安全感、信赖感，如果亲子之间建立了积极的依恋关系，这样长大的孩子会更自信、更阳光，会有更强的过滤各种痛苦、挫折的能力。从孩子六岁开始，父亲就该出场了。要父亲出场为的就是促进孩子社会化的进程。孩子上了小学，就跟上幼儿园时大不相同了，按小朋友自己的理解，小学是正式的学习生涯的开始，跟幼儿园是不同的。孩子的意识会发生变化，孩子的行为方式、跟人交往的方式也都会发生变化，这是他慢慢地形成社会角色、形成自我责任意识的开始。这个时候，父亲的存在，实际上就是为了让孩子能够成为一个更完善、更平衡、更有责任感的人。父母之间的这种天然的分工，是各有优势的，父亲的登场会使孩子的性格更坚强、更有毅力，从而使孩子变得不那么脆弱。

我有朋友告诉我，他的学生现在是父母都登场，我说可喜可贺，此时应该还要强化一下父母对自己责任的重要性的认识，这样的强化有助于父母责任意识的内化，不再现在有时间就共同关心一下，没时间就又回到以母亲为主。从现在开始，父亲就要把孩子成长的最重要的责任担当起来。涉及孩子学习生活的方方面面的事，包括接送孩子、辅导孩子作业、跟孩子进行交流、跟老师就孩子成长的问题进行交流、鼓励孩子参加一些运动项目、周末家庭生活的组织与安排，都应该由父亲来担当。

其实，由父亲跟老师进行交流，对于改进家庭教育方式、促进孩子成长更有帮助。我希望看到这篇文章的母亲们，能够把这篇文章也给父亲们看一看，总而言之，父亲与母亲应共同努力，促进孩子更好地成长。

和孩子就事论事沟通，真正的教育才能发生

我家门口就是一个公园，我经常在公园里散步。这个公园也是孩子的乐园，有很多孩子在这里游玩奔跑，大多数孩子是由爷爷奶奶带着的，也有由爸爸妈妈带着的。在孩子奔跑的时候，爸爸妈妈常说的是“不要跑”，爷爷奶奶常说的也是“不要跑”，很少有例外。

孩子的天性就是要跑的，但今天我不是要谈孩子的天性，而是要谈父母、爷爷奶奶的语言系统。

我有一个领悟，就是我们的语言系统，我们的表达实在是太直接、太单一、太单调、太乏味了。这样的语言说多了是不会引起孩子的思考的，也是不会对孩子产生提醒、警诫、帮助意义的。想说“不要跑”，其实你可以说得更具体一些，比如这个地方的路比较滑，跑的时候可能会受伤，或者跑的时候可能会有危险，你要对孩子进行具体的描述性的提醒，而不是简单地说“不要跑”。“不要跑”这句带有强制性的话违背了孩子的心性，其实没有什么意义。这是我有感于公园里见到的一个现象而产生的对孩子教育、对父母语言系统的一个思考。

有时候，我们会对孩子的行为很失望，会觉得孩子做的这件事很糟糕。你此刻该怎么教育孩子呢？有一些父母可能会说“你实在太蠢了，你实在太让我丢脸了，你实在太让人太失望了”，或者会说“我怎么会生

下你这样的一个孩子”。这一类语言非常有杀伤力，它很粗暴，没有最基本的理性分析。犯错误是孩子在处理这件事时出了问题，你只能说这个错误有多么严重，但是不能因此就对孩子予以全盘否定，这是父母应该具有的最基本的态度。

那我们可以怎么说呢？当然，你可以说“你犯的错误太出乎我的意料了”“这个错误让我感到很难堪”“这个错误会使我对你的行为进行重新思考”“这个错误让我发现，作为一个母亲，可能我的教育方式出错了”，或者说“这个错误让我觉得作为一个母亲我真的要好好反思一下对你的态度”。这里，一方面是把孩子的“犯错误”指向了母亲的反思，另一方面母亲的反思对孩子也是一个很好的提醒。

我们不要简单地指责孩子为什么会犯错，而是要反思父母到底应该怎么表达对孩子的批评才最有效。我觉得最重要或者说最好的表达，就是你的表达要引起孩子对自己的思考。当他对自己的行为进行认真的思考之后，也许他会感到羞愧，也许他会自我警醒，也许他会受到深深的触动。如果我们只是简单地说“你怎么这么蠢”“你是白痴”“你这样活着还有什么意思”，使用这种纯粹的谴责式语言，实际上是对孩子生命的一种否定，这其实是非常危险的。

孩子犯了错，父母的第一反应是把孩子大骂一顿。一方面，我觉得，是我们的文化程度普遍太低了，父母所受的教育实在很有限。他们只能用祖传的愤怒与讽刺，用最直接的语言去打击孩子，去把孩子羞辱得无地自容，妄图让孩子“长记性”——这是我们文化中的一个缺憾。另一方面是教养的问题，其实在教育孩子的时候，父母尤其需要教养，父母要时刻记得，你是在教育他，而不是要伤害他；你是在批评他，而不是要羞辱他；你是在对他感到不满，而不是要让他产生绝望。基本的教养，既是父母教育的边界，又是父母在言语跟行为上的示范，这种示范才是对孩子成长的真正帮助。

当然，还有一个习惯的问题。所谓的习惯，就是你不太动脑筋，不太去反思，不太去琢磨如何教育孩子，什么需要改进，什么需要升级。所以升级父母对待孩子的语言系统非常有必要，不是说不能批评，而是要思考怎么批评；不是说父母没有批评孩子的权利，而是批评应该充满智慧、充满人性。

只有使用智慧的语言，提供诚恳的帮助，跟孩子之间进行深入的、就事论事的讨论，真正的教育才能发生。

放手，只为让孩子主导自己生命成长

这些年我一直在思考孩子寄宿这个问题，因为我曾经到一所学校去做研究，发现这所学校的一些小朋友是从幼儿园就开始寄宿的。针对这种状况，我首先思考的是亲子之间的紧密纽带断裂，或者亲子之间发生疏离、隔离这些问题，因为这样显然对孩子的成长是不利的。

这些年经常有朋友来咨询，说他的孩子特别强烈地希望到学校去寄宿。为什么会有这样的诉求呢？这是要深究的。

有些孩子在家庭里面与家人的关系特别糟糕，情绪状况也很成问题，跟父母经常有很多冲突。有一些冲突是外显的，父母是知道的，比如说他不愉快，他对父母不满，他对父母的很多意见不能接受，或是表现出情绪化的一些倾向，这些父母都能感受得到。

可是，还有一些孩子，他的父母觉得自己做得很好，因此很奇怪为什么孩子还要到学校去寄宿。其原因就是孩子希望离开父母，早一点离开父母。这时父母总会有很深的失败感，觉得自己没做错什么，自己对孩子很好，孩子跟他的关系也很好，但是他不知道孩子深藏在内心的很多苦恼。

往往在这种家庭里面，尤其是以母亲为主导的家庭里面，母亲体会不到自己的琐碎、唠叨，甚至苛刻的要求，已经在孩子逐渐成长的心灵中造成了很大的麻烦。这个时候，孩子执意要求到学校去住，也可能是为了摆脱这种心灵上的麻烦。对孩子而言，住校生活可以让他摆脱父母，能够在学校里跟其他伙伴交往，让他感受到心灵的放松。

很多家庭对孩子精神的成长总是重视不够，实际上很多孩子的疾病也跟精神方面的障碍或者伤害是有关的。在孩子很小甚至刚出生几个月时，这样的情况就可能发生。孩子很小的时候，他们的情绪是很不容易表达出来的，即使孩子通过肢体语言表达出来了，父母也不一定能感受到。比如说孩子生病了，你只想着是身体的原因，却没有想到生病有时候是一种精神上的困扰与障碍。孩子有时候表现出一种情绪来，父母更多的是想到青春期时孩子跟父母的冲突是很正常的，认为是孩子生理发育的问题，很少会去思考孩子出现的一些问题其实跟家庭环境有关，而环境最核心的就是精神因素。

在这样的家庭里面，孩子成长的过程中，父母没有成长，父母的精神没有变化，父母跟孩子相处的方式没有变化，对孩子的尊重非常不够，他们总认为对孩子的某种严格要求，有助于孩子更好地成长。殊不知，这些严格的要求，一旦越过了对孩子人格尊重的边界，往往就会变成一种伤害。

这时有一些父母就会从能够促进孩子成长的有益父母，变成有害父母，就是说这时父母的教育成了祸害。这样的祸害，父母经常会以爱的名义表达出来，用爱作为包装，有了爱这层包裹之后，父母对自己的认知往往是不够到位的。

还有一些父母，拥有一定的社会权力，或者在某一些方面做得比较成功，这种成功就会不自觉地“越界”，就会从事业“越界”到家庭，从一个机构的管理“越界”到对孩子成长的管理。

这里面有一种错觉。实际上这类父母并没有发现机构的管理跟家庭的管理是不一样的。他对机构的管理有时候还比不上他对孩子的管理那么严厉，那么强势。在家庭里面，父母过于严厉、强势，唯我独尊，实际上就构成了对孩子精神成长的巨大伤害。

这种巨大的伤害隐藏着更深的危机——这会对孩子的生命产生很大的困扰，甚至会让孩子产生幻灭感。因为他不能主导自己生命的成长，不能逐渐地主导自己的生活，主导自己的爱好，主导自己生命成长的方向，这种幻灭感最终会成为一种绝望，有些孩子会因此陷入非常可怕的精神危机之中。遗憾的是能够真正理解到这一点的父母还是很少的，所以悲剧有时候就会发生。

我曾经也是一名“差生”

很多年来，我都在读日本作家村上春树的书，看到村上春树说到自己的学习生涯，我特别有共鸣。

村上春树说自己学习一直不太好，不太会考试，也不太会跟人交往。读中学的时候，他很喜欢和几个同学在一起，到学校去也只是为了见他们，要不然可能早就辍学了。上了大学后，情况依然如此，他对大学的各方面都不太适应——住集体宿舍不习惯，对校园环境不喜欢。那个时候，他开始卖力地打工，不太去学校，经常缺课，对学校的各种活动和课程也不太清楚。由于经常缺考，拿不够学分，他拖拖拉拉地读了七年大学，才拿到了本科文凭。

他说后来自己经常梦到学生时代，不是梦见记错了考试的日期，就是梦见自己的出勤率不够，不能升级，或者是梦见自己进了考场却不会做题。他说那时他感觉自己的状态非常糟糕，人生非常暗淡。

说实在的，我看到村上春树对自己的这些描述时，特别有共鸣。在我大学毕业三十年后，有一次参加完同学聚会，第二天早上醒过来回忆刚刚做的梦时，我竟发现自己梦见了正在考试，还有一门考试的题都不会答。醒过来后，我跟太太说："我又梦见我答不出来题了。"她安慰我道："都考过了，都考过了。"

直到近些年我才摆脱了作为一名差生的某些阴影。我总是觉得自己的人生好像有考不完的考试，而且每次考试都考不好，这种心理压力总是有形无形地影响着我。现在能够摆脱这个阴影，不是因为我觉得自己现在什么都很出色，而是因为我对人生不再像以前那样有过多的不切实际的欲求——欲求远远超过能力，只会增加烦恼。

因为上一年级的第一天就特别不成功，所以从一年级开始，我就是一个差生。上一年级之前，我没有上过幼儿园，所以真是"一字不识"地就上学了。开学那天，老师让我们写自己名字，我也不会写。可能是班上有很多人都不会写自己的名字，老师就说那你们就写"一"字吧。天啊！我连"一"字都不会写，真的白痴到这个程度。

于是，老师让跟我坐在一起的堂姐帮我写——那时堂姐也正在很困难地写她的名字。她就跟我说："你等会儿吧！"一时间，我手足无措，害怕得哭了起来。老师很生气，那天放学，他跟堂姐说："你把他带回去吧。"后来，他又和我父亲说："你的孩子不适合上一年级，等明年再来吧，先去上幼儿班。"

不知道什么原因，我坚决不肯去我们村里的幼儿班，就是要赖在学校里，就是要去上一年级。家人没办法只好依我。开始的时候，可能有一个多月，真的是听得半懂不懂、非常吃力，好在过了一段时间就好了。

一年级虽然充满了恐惧，但是适应了之后，我就成了一个比较优秀的学生，脱颖而出。二三年级，大体情况也还不错。四五年级，不知道怎么回事，学校突然就不上课了。那时我又特别喜欢偷懒，大家不上课，我也不上课，等到大家要上课了，我继续不上课。这导致五年级毕业的时候，我对于写作文完全一窍不通。

我讲过好多次，当时我的作文就是抄我同桌的。反正是开卷考，你要抄就抄吧。可是，成绩出来我傻眼了，作文总分 25 分，他得了 20 分，我才得 5 分。当时我还在想，为什么老师会认为是我抄他的，而不是他抄我的，老师也没有监考。其实，老师还是有自己的方法的，他能够知道是我抄同桌的。

等我上了初中，乡村学校那个时候不上课了，这让我的学业受到了很大的影响。我的数学后来怎么都跟不上，怎么都听不懂，考试成绩那真是一塌糊涂啊。

到了高一，高考恢复了，学校又开始像个学校，开始重视考试了。但是我的考试成绩再也难以提高，尤其是数、理、化。高一期末考，数、理、化三门，满分都是 100 分，可我三门的分数加起来都不到 60 分，每门只考十几二十分。当我拿着这个成绩单回去给我父亲看时，你可以想象他有多么绝望。他看完之后什么都没说，那个时候我在想，他要是打我一顿的话我心里还好受一点。但是，他对打我一顿这件事都没有兴趣。他似乎对我的成绩不再抱有期望，而且打也不是解决问题的方法。

所以，每当遇到这种从小学到中学，都不适应学校、不喜欢学校，学业方面存在特别多困难的孩子，包括有时候看到有些作家有类似的经历，我就特别有共鸣，特别感同身受。

那么，什么时候才能让自己变得更好呢？真的说不清楚，这个问题我也一直在思考。

父母未必是解题高手，但要有天启之智

2017年左右，我了解到，在20世纪60年代，我家那个村，闽侯县上街镇厚美村，这个人口只有2000多人的村庄，同时在北大、清华读书的就有五个人。这个数据让我非常吃惊，我觉得我的家乡真是有点厉害。一个乡镇的小村庄，同时有五个人在北大、清华读书。这让我想到了什么？我想到的不是一般意义上的自豪感，我意识到这实际上是文化累积、厚积薄发的结果。

在孩子遇到困难的时候，有时候不能在原来的问题、原来的环境中解决，可能需要换一个思维，改变一下思路，另外选择一条道路，才能真正地让孩子获得一种解放感，获得一种解脱感，获得一种超脱感。有时候，更多地需要在情感上对孩子进行补偿，进行安慰，进行鼓舞。

从孩子的成长而言，实际上在孩子三年级之后，也就是说九岁之后，更需要的是来自父亲精神的、情感的、言语的、生活的诸多方面的支持。在家庭里面，父母既需要有共识，又需要有分工。

许多家长说，自己学问有限，帮不了孩子什么。所谓“帮不了”是因为在学业方面你可能不是一个很厉害的人，可能也无法一下子就帮孩子找到方向。

那父母该怎么办呢？

我觉得有一些所谓笨的办法可能也是最好的办法，比如父母要有耐心，父母不要火上浇油，父母不要对孩子变本加厉，父母要多鼓励孩子。我认为，来自父母的最重要的鼓励是，让孩子明白，即使学业没那么理想，但是你的人生还是有很多的可能性，不要认为学业失败了，人生就没有希望了。

在我女儿的成长过程中，我的母亲（孩子的奶奶）真是一位非常好的陪伴者。在界定祖父母跟孙子辈，外祖父母跟孙子辈的关系的时候，我经常说“爷爷奶奶最重要的工作就是爱跟帮助”。关于爱，无论她怎么疼孩子其实都是不要紧的，因为作为奶奶，她的核心任务不是教育孩子，甚至也不是规范孩子要怎么做。她的任务，就是陪孩子玩，陪孩子学习，陪孩子做喜爱做的事情，能做到这些，就已经非常好了。

教育最核心的宗旨，就是要尽自己的一切所能，去摆脱各种各样的对孩子生命成长的约束、诋毁和限制。哪怕是再曲折的环境，你都要始终意识到你所面对的是人的生命教育，对于所有危害人生命成长的行为，我们都要保持高度的警惕。

“怎么做父母”这一课最核心的内容，就是你要了解一个人生命成长的规律，要了解一个人生命成长的最基本的需求。当然还有一点更重要，就是要促进你对一个人生命成长的正面需求的理解力，什么叫正面需求的理解力？它的最核心的东西，用通俗的话来说，其实就是“正面影响”对每一个人都是有意义的，也就是说你要相信善的教育，相信温和的教育，相信鼓励的教育。

亲子关系是一种最柔软的力量

我的父亲从小就生活在厚美村，我母亲嫁到这里也已经有六十来年了，他们跟这块土地早就完全融为一体了。有一次，说起老房子要被拆了，她突然就说了一句："那我们家养的那两只狗，怎么办呢？"母亲说完这句话时，我的眼睛湿润了。

乡愁，就是当你离开家乡以后，当你不能居住在那里时，对家乡的思念。乡愁是很难治愈的。一栋老房子对别人而言，除了居住的价值外，可能没有其他太大的价值，但是对一直生活在那里，熟悉那里的一草一木，了解那里的四季变化的人来说，那里的一切都是跟生命连在一起的。

我经常坐在自己家院子里喝茶、聊天、读书、思考，有时候也会在那里思索形成一些新的教育主题。总有人说，哲学家需要有一个充满诗意的精神栖居之地。我觉得教育学者大概也需要有那样一个地方，可以经常看看生机勃勃的生命，领悟"人的成长"的秘密，在那里偶有所得，会觉得人生充满美好。

亲子关系之于孩子，也就像是这样一个栖居之地，让人得到安慰，充满力量。父母对孩子的宽慰跟鼓励，一方面可以帮助孩子成长，另一方面，可能更重要的是，这样的亲子关系有着一种最柔软的力量，今后会一直埋藏在孩子的心田里。孩子只要一想到自己的爸爸、自己的妈妈，一想到自己爸爸妈妈安慰自己的情景，心里满满的都是感恩，都是力量，那真的是一种很幸福的感觉。

另外，今天的父母真的需要有“生命敏感”的意识，当你意识到孩子遇到麻烦，当你意识到孩子有可能生活在各种困扰之中，当你意识到孩子需要你的支持与帮助时，母亲的柔情关爱与父亲的阳刚爱护，就必须“在场”。这样，孩子才会变得更加自立、自信、自强，他的精神世界才会更加富足、充实，他的人生长旅才能真正开始，他才有能力依靠自己来抵达最终的目的地。

有一点需要特别强调，当发现孩子的成长有问题时，我们有必要回到孩子生命成长的具体场景里面，回到家庭的具体生活之中，尽量地去还原一个生命成长的过程与真相。仅仅靠头痛医头，脚痛医脚，当然也能解决一些浅层的问题，但如果更深层的问题得不到解决，随着时间的累积，尤其是到了孩子跟父母之间形成了非常严重的对立、敌意，甚至仇视的时候，要想解决它就太困难了。

一个人在童年时，父母管教得特别严，父母特别挑剔，父母经常批评，父母限制得非常厉害，他是很难真正成长的。因为这样一个做任何事都要以父母的要求为标准，经常受到父母批评的人，其整个人的身心根本无法得到充分的展开。实际上他的身心是没有安全感，没有舒适感，没有做自己的那种舒畅感的，这对他今后的社会化发展将会产生很大的限制。

在亲子关系里，我们需要有一种良好的互动状态，无论是妈妈还是爸爸，我们跟孩子讲道理时都要细致耐心，跟孩子讲故事时都要生动有趣，对孩子成长的帮助都要理性周到，所有这一切最后都会构成一个孩子成长的生命底色。

孩子长大了，跟父母无话可说怎么办？

我最近接触到了一些高中生，也有一些高中生的父母向我咨询孩子的教育问题。

我先说一下高中生比较好玩的事情——到了高中，孩子经常会对父母特别不满意，父母也觉得不知道跟孩子怎么交谈，比如每当父母给孩子提一些建议时，孩子马上就会反批评，就会说得很多，父母说一句，孩子说十句。父母当然会觉得不太舒服，但有时候换个角度，孩子还愿意跟父母说，这还算不坏，有的孩子根本就不愿意跟父母说，那才是很糟糕的。比如说，父母刚刚说话，孩子就说“知道了，你不要说了”，然后就回房间去了。

父母说一句，孩子老是回十句，父母渐渐地就不知道该说什么了，而且很多父母人到中年，也确实不知道该跟孩子交流什么，说着说着很容易就会说到学习，说到考试，而这些内容都是孩子特别反感的。现实中有不少这样的例子。

比如，有些孩子跟某一个女生、某一个男生走得近了一点，父母就特别警惕，然后就是老生常谈，说不到点子上，引起了孩子的反感。

比如，父母总觉得孩子在玩手机，总觉得他学习心不在焉，于是，父母就提醒孩子，这时，孩子可能会想：你都没有看到我辛苦的时候，我稍微看一下手机，怎么整个就不对了呢？你自己也看手机，你只要没事都在玩手机，我看一眼手机就不对了，这不是很奇怪吗？

再比如，有些父母一看到孩子生父母气了，就给孩子发红包——有些父母还是很大方的，很舍得发红包的。但是老这样发红包，孩子可能会想：我们的关系好像就是红包关系，你以为我就是在等着你的红包吗？你以为发红包就能解决问题吗？虽然孩子收了红包，但是孩子的批评意见还是很多的，孩子的不满还是很强烈的。

那么，父母遇到这种情况，到底该怎么办呢？求天，天不应；求地，地不灵。其实，我们要换个角度，要改变一下跟孩子的交流模式，孩子九岁以后，你可能更多地需要跟他交流一些他感兴趣的问题，交流一些能够把他的视野引向更开阔的地方的话题。

孩子喜欢体育，你就努力去喜欢他喜欢的体育项目；孩子喜欢音乐，你就努力去喜欢音乐；孩子喜欢电影，你就跟着喜欢电影……其实孩子喜欢什么，父母就跟着喜欢什么，真的是一种不错的方式。

当然，父母也需要有自己的喜好，比如看球赛、锻炼身体、外出旅游等。很多时候，你喜欢的慢慢地也都会成为孩子的喜好，最可怕的就是你什么都不喜欢，你就喜欢宅在家里，你是一个很阴沉的人，或者你是一个整天挑剔孩子的人，一个特别不善于鼓励孩子的人，总是很吝啬自己对孩子的表扬。那就麻烦了。孩子一辈子都不知道你喜欢什么，他只知道你很乏味、很单调、很无趣、整天阴沉沉的。那就完蛋了，孩子会经常躲着你。等到你意识到有必要跟孩子多交流的时候，孩子的心门已经关上了，这样你就将根本不知道有什么话题可以聊，情况会变得很糟糕。

实际上，人是社会性动物，很多社会问题都值得跟孩子交流。比如说吃饭的时候，你不要老想着让孩子早一点吃好，马上去做作业，其实吃饭的时候你应该跟孩子说说话，跟孩子一起关心我们的生活、我们的社会、我们的世界，关心这个时代最主要的重大问题。这种价值引导是日常生活中最好的交流。

当然，孩子到了这个年龄，父母的姿态一定要放下来，放低一点，也需要向孩子学习。孩子如果有特别感兴趣的、特别擅长的，你要听他说一说，你要让他带着你学一学。对于某一些社会问题，你可以征求一下孩子的意见，听听孩子的见解。其实，你的耐心倾听就是对孩子最好的鼓励，你对他的见解的肯定就是对孩子最好的赞扬。人都是需要鼓励，需要肯定，需要赞美的。父母的赞美，父母的肯定，常常会促使孩子乐于跟父母交流。孩子有什么想法就先跟父母说，这多好！

所以我说“父母改变，孩子改变”，现在孩子改变了，父母更需要改变。但如果你说“我真的是不知道跟孩子说什么，我确实也没有什么话题可以跟孩子说，我真的是一个挺苦闷的人”，这个时候你就不要勉强，不要硬说，你可以默默地为孩子做一些事情。比如孩子在吃饭的时候，你真的没什么好说的，就只静静地看着，什么都不要说；孩子在看一些比赛，在听一些音乐的时候，你不要去干预他，你可以坐到孩子身边，不见得一定要说话，不过最好不要看手机，你要表现出对孩子的关注，这也挺重要的。

尊重孩子，诚恳地对待孩子，时刻保持着对孩子成长的喜悦，这就是你跟孩子相处的最好方式。

孩子为什么会突然崩溃?

有一个家长问我："孩子到了初二以后，有一天他开始不刷牙了，不洗脸了，不洗澡了，也不换衣服了，你怎么说他，他都不听，你怎么生气，他也不在乎，好像完全无所谓了。"

这个孩子可以说是放弃了体面，放弃了生活中最需要的某些生活方式，所以这位妈妈特别崩溃，问我该怎么办。我问："孩子的学习压力是不是很大？"她说："真的是非常大。"我接着问："那孩子平时喜欢跟人交往吗？"她说："基本上看不到孩子有什么朋友，有什么伙伴，他也很少跟我们交流他自己的事情、他同学的事情、他班上的事情、他学校的事情。孩子回家后，基本上跟我们是'零交流'，出了这个状况以后，我们真是束手无策。"我又问："之前他有过这种情况吗？"这位妈妈说："这些都没有，一切都很正常，虽然平时孩子好像不是那么爱整洁，但从没出现过这么离谱的事。"

根据常规判断，这种"离谱"肯定跟生活的压力，特别是学业的压力造成的焦虑有很大的关系。我跟她说："我没见过你的孩子，我也不知道具体怎么来解决，但是我想在没有更好的解决办法之前，你不妨多跟孩子交流一下。"当时，这个妈妈说："我跟他交流了，他也不跟我说。"我问："老师知道吗？"她答道："老师不知道，我也不敢让老师知道，如果老师知道了，孩子很可能会非常生气，会很恨我，所以我也不知道该怎么办，除了我跟他爸爸知道，他自己知道，其他人都不知道。"

听完后，我说："我们就先让他维持这种情况，也就是说，先接纳他现在很糟糕的状态，还要多给他安慰。不要太在意，不要急着马上去解决这个问题。这个问题的产生有很久远的源头，也有某种情境的刺激，要解决它是没那么容易的。所以我们最好先接纳他，不要伤害他；先理解他，不要过度刺激他；先忍受他，不要指望很快就能解决他的这些问题。这可能也是一种最不坏的选择。"

还有家长向我询问孩子沉迷网络游戏的问题。情况是这样的：孩子突然痴迷上游戏了，一发不可收，对学习完全提不起兴趣，学习成绩一落千丈，原来的上进心也都没有了，学习这么糟糕也不在乎了，一回家，就把门关起来，就不出来了，甚至连吃饭都没热情了，他的父母晚上都不知道他玩到几点，因为没人能叫开他的门。对于这个问题，我当时跟这位家长说："这个问题是蛮严重的，但是孩子的某些病态都是有过程的，实际上孩子一直在呼救，当他在呼救的时候，你没发现他，没帮助他，没有去理解他，没有去改善他，最后他在游戏这里找到了一个救生圈，找到了一个释放心灵的地方，说实在的，把他拉回来真的很难。"

像这样的问题我也碰到过很多次了，都是愁眉苦脸的父母跟我说的，其中有些父母还是老师。上面提到的男孩子突然痴迷上了游戏，完全放弃了学业，没有了荣誉心，甚至没有羞耻感，精神彻底崩溃了，他的父母就是老师。还有一个当老师的妈妈跟我说："看来我给孩子施加的压力太大了，我对他的要求太高了，我平时太少去理解他了，所以孩子一定是很痛苦的，你说我该怎么办呢？"

其实，我们只能不断地"理解"孩子的生命状况！

拿上面那个沉迷网络游戏的男孩来说，实际上他已经陷入了深度痴迷——完全是一副"上瘾"的状态，要改善真的是非常困难的。所以这些年会有一些"戒游戏"的培训学校，其实这些学校不一定都靠谱，因为对于孩子心灵的问题，如果你用各种强迫的方式来解决，最后弄不好是会彻底让他精神崩溃的，甚至还会出人命。

像这样的情况在初中特别多，在高中也有。初中这个阶段很特殊，这个时期的孩子身处青春期，那种生命的冲动，那种非理性的爆发，冲击力是很大的，孩子自身的理智一旦失控，那就再也收不回来了。对一个家庭来说，出现这种问题也不能退出，那该怎么办呢？我们只能等孩子慢慢改善，给孩子安慰，跟孩子贴得更近一点，多去理解孩子，也许这会是一种不错的疗救方式。

不要在孩子发怒的时候沟通

有一位父亲给我留言，说他读三年级的儿子动不动就在家里大喊大叫，问我该怎么办。

我没有立刻回答他，而是问他："那你对孩子的这种情况是怎么应对的呢？"他说："我当然也会很生气，有时候我也会对着他乱吼。但我看得出来，当我对他乱吼的时候，这孩子的眼神有点可怕！"

我说："是不是他也特别愤怒？""是的，"他回答说，"我从孩子的眼神里看到了自己童年的形象。"我说："你的童年？你的父亲是不是也经常在制止你大喊大叫时把你暴打一顿？"他说："是啊！有时候打得特别狠！我觉得我父亲对我的教育好像给我留下了非常不好的生命履历。每当看到孩子大吼大叫时，我就自然而然地也很容易生气，对孩子大吼，然后两个人的情绪都非常不好。"

我接着问："这之后你有没有跟孩子交谈？"他说："没有，好像那个时候我巴望着事情早点过去，这样我就不用跟他交谈了。"我说："那你到底明白不明白孩子这么大喊大叫的原因呢？"他说："有时候，比如作业做得不顺利，或者他的某一个心愿没有得到满足，或者我对他说话凶一点，他的反应就是这样。"

我说："那在日常状态里，你跟孩子的交流是不是正常、自然，是不是比较频繁呢？”他回答道：“说实在的，我跟孩子真的是交流很少，偶尔有一些交流，但很容易产生冲突。”

其实很多父母遇到孩子大发脾气、情绪暴躁的状况，都会觉得蛮为难的，都不太愿意正面去面对。他们有时候会不管来龙去脉只求赶紧息事宁人，有时候会用更暴力的方式来压制孩子，较少会尝试跟孩子进行深层次的沟通。

我经常强调，处理这种情况时，要记住的重要一点就是不要在孩子发怒的时候进行沟通。比如孩子真的很生气，你不妨让他生会儿气好了。作为家长有时候要学会克制。在家里，没有外人的情况下，不在公共场所中，你就不妨让孩子发怒、生气、大喊大叫，就让他宣泄出来好了。

其实宣泄也是调节自己的一种方式，虽然这种方式显得比较粗鲁，但是它对平息怒火、进行自我调整，还是有好处的。最有害的、最可怕的是粗暴地压抑这种愤怒，这会导致愤怒发生转化，甚至有时会导致精神上的问题。比如有一些孩子可能从此不再愿意交流了，不再愿意袒露自己真实的情绪跟情感了，不再愿意跟你进行哪怕有些消极的交流了。这时反而会让你开始担心孩子了。

作为父母，你不能跟着孩子的情绪走，他生气你也生气，甚至你还想着用更大的怒火去压制他的怒火，这种方式是非常不好的。不管孩子怎么生气，你都不能跟着他生气，你需要用身为父母的宽容去接纳他。而较为理想的方式就是在日常生活中，积极地保持跟孩子的沟通，真实地了解孩子发脾气的原因，比如在他发怒之后的第二天或是其他什么恰当的时候，就这件事情跟他平心静气地讨论。

我觉得处理孩子发脾气的问题，需要注意的无外乎以下两方面。

一方面，我们首先要相信人性本身是有它的复杂性的。愤怒就是人性的一部分，有时候自我无法控制，它本身就是成长过程中要学习的一个项目。当感到无助或是对自己失望时，有一些人经常会用发怒的方式进行调节。所以接纳他的怒火、无理，包容他的这种让你难受的状态，也是身为父母非常重要的智慧。

另一方面，我们有必要了解真相，了解孩子面对的真实问题。这对于正常进行亲子沟通极为重要。在了解真相的基础上，如果你发现孩子的发怒是因为父母的关系，那么你就要扪心自问，反躬自省。我们自己的改变是带动孩子改变的最重要的正面力量。

所以，当你发现孩子在生气、在愤怒时，作为一个父亲，作为一个母亲，你要学会接纳，学会克制，你要避免动怒，同时要用更积极、更乐观的方式跟孩子进行交流，了解更多被隐藏的细节。虽然有时候交流并不一定都能解决问题，但是交流本身就是一个解决问题的积极方式，对谁而言都是大有帮助的。

当我们这样主动地去改善关系、去调整方法、去帮助孩子的时候，我们也就不会觉得孩子离我们越来越远，内心也会觉得更踏实一些。

奶蜜盐
2
好父母帮助孩子精神成人

第4章 体认式思维：回到童年感受孩子成长

父母很少思考儿童世界跟成人世界之间存在的内在区别。

如果父母不以对待儿童的方式对待他，

这个孩子的成长就会变得不顺利。

做父母是一个需要认真面对的、并不简单的课题。

天下的母亲都可以做好母亲

很多家长都知道，早期的家庭教育对孩子的成长很重要。然后他们会将孩子成长中出现的一些问题，归结为原生家庭的问题。

“原生家庭”是这几年特别时髦的一个词。但我不太喜欢用这个词，因为这个词比较概念化，对此我们缺乏深入的思考。到底原生家庭意味着什么？它包含了哪些方面？我们不能简单地把孩子成长的所有问题都说成是原生家庭的问题，将原生家庭当成一个筐，什么都往这个筐里扔。我们要认真分析到底是原生家庭的哪些因素造成的这些问题，只有找到问题的根源才能对症下药地去解决它。

对一个孩子的成长而言，家庭，尤其是母亲的意义重大。天底下所有的母亲都是可以做好母亲的。这就是天性。经过对孩子生命孕育的漫长过程，所有的母亲很自然地就有了一种母性的特质，心理上、生理上、身体上，包括讨论的话题、关注的问题等，都朝着身为人母的方向进行自我塑造。我们简单地说吧，绝大多数的女性都可以做个好母亲，做不好的是极少数。

孩子从出生到三岁之前，每天做的最重要的事就是找妈妈！饿了找妈妈，不舒服了找妈妈，孤独了找妈妈，高兴了找妈妈，不高兴了也找妈妈，随时随地都在找妈妈。所以，如果爸爸、妈妈——特别是妈妈——不能经常陪在孩子身边，如果孩子总找不到妈妈，孩子就会缺少安全感。

其实我们的老祖宗老早就知道这个道理了，古人之所以强调“男主外，女主内”，其中就包含着妈妈要跟孩子在一起，要陪在孩子身边的意思。这是最自然不过的一件事情，妈妈能满足孩子的各种需求，帮助孩子建立安全感。

安全感不是通过简单的知识教育和物质满足就能拥有的。不是说家庭特别富有，所有的物质要求都能够得到满足，孩子就能获得安全感。对幼小的孩子来说，安全感只有在妈妈身上才能获得。

从妈妈身上获得的安全感，最符合人的天性，符合孩子的本性。人性就是这样的，生来就是如此，你不能违背它。孩子要找妈妈，那就让妈妈跟孩子在一起。孩子能闻得到、看得到、听得到、摸得到妈妈，孩子的内心也就没有了太多恐惧和胆怯，变得勇敢、自信、坚强。孩子的性格也会变得阳光，想笑就笑，想说就说，想哭就哭，特别自然，这就是安全感。

安全感的建立过程特别强调母亲的重要性。从母亲的文化意义来说，母亲在孩子身体和精神的塑造上，起到了最为重要的作用。所以，千万不要让孩子过早地离开母亲，这是家庭教育中一块重要的基石。

有了安全感，另一种情感同样也很重要，那就是归属感。

怎样建立归属感呢？做游戏就是一个很好的方式。

孩子在很小的时候就可以跟妈妈做游戏了。当你们做哭的游戏、笑的游戏、眨眼睛的游戏、躲猫猫的游戏时，你会发现孩子好像不用教就会。是的，不用教就会，这就是天性。

人的天性里，本身就有一些与生俱来的能力，等着你去开发和发现。当父母和孩子在一起玩的游戏越来越多、越来越高级、越来越复杂时，我们将可以看到孩子心智的发展。

其实，心智发展的背后，还有一点特别重要。那就是通过游戏，孩子与父母进行情感上的互动、言语上的讨论，可以帮助孩子确认他跟父母的亲缘关系、亲密关系，确认他在家庭中的地位——这是我的妈妈，这是我的爸爸，这是我的玩具，这是我的房间。这样，慢慢地让孩子确认了相应的拥有感和归属感，这与普遍存在于孩子身上的占有感，是有本质区别的。

父母与孩子的互动可以帮助孩子在家里建立归属感。这样，孩子就会在家庭中扮演一个积极的家庭成员的角色。

安全感和归属感是孩子成长过程中最为重要的精神母本。有了这样的精神底色，对孩子今后的发展有着重大的意义。

人生有幸与不幸，根源大多在童年

一切家庭教育的根源都来自童年。要从根子上解决家庭教育的问题，就要认识、理解缓慢又漫长的童年，包括父母的童年和孩子的童年。可以说，人生几乎所有的问题，其源头一定是在童年这儿。

记得多年以前有一次我到武汉开会，北京的一个专家在吃早饭的时候跟我说："张老师，我一看你这张脸，就知道你家里一定有一个女儿。"我问："为什么？"他说："因为你长了一张生女孩儿的脸。"我当时就在想：还有生男孩儿的脸和生女孩儿的脸？心里颇有不悦。他说："不是长了这样一张脸才生女儿，而是你女儿塑造了你的脸，生了你女儿，你才长了这样一张脸。"

可见，都说"相由心生"，相不仅是"由心生"，还与你怎么生活、你受谁的影响、你跟谁生活在一起有很大关系。其实对一个家庭来说，教育孩子更讲究熏陶，就如孔夫子的教学方法一样，强调随机指点。其实家庭教育最重要的就是随机指点，但你都不跟孩子生活在一起，怎么随机指点，怎么抓住教育孩子的关键期呢？因此我强调抓住“起始处”。孩子做一件事，首先不是对跟错的判断，更不是善跟恶的判断，而是由好奇心所驱使的。他第一次做的时候是无善恶判断的，更多是来自生命的驱使。有件事我印象很深。邻居的孩子比我的孩子大几个月，在我孩子小的时候，一天我把她放在一个很大的塑料盆里玩，邻居孩子一来就说：“我也要到盆里玩。”邻居孩子到盆里做的第一件事，就把我女儿从盆里赶了出来。她的妈妈非常不好意思，说：“这不是我们教的。”对孩子而言，这个行为无对错，无善恶，是生命本能、是好奇心和情感驱使着她这么做的。那我们怎么办呢？在孩子七八个月时，你是没有办法讲道理的，你只能顺其自然，之后慢慢耐心地跟他讲道理。你可以通过你的表情、态度传达你对他行为的评价，从而将不当行为、危险行为扼杀在摇篮里。

有一年我去澳大利亚，一个澳大利亚的朋友很喜欢研究教育，他在网站上看了很多关于中国家庭教育的报道。我们曾一起讨论中国家庭教育存在的问题，以及什么样的教育才是好的教育。记得当时他是这样说的：“对孩子而言，家长真的要改掉用一根手指或者一个巴掌教育孩子的方式，教育是两只手的教育。孩子这么小，你应该握住他的手，看着他的眼睛，耐心跟他讲。他即使不能理解，也能够感受到你当时的情绪。父母用这种方式跟孩子讲，不是讲一次就够了，可能要讲很多很多年，才能产生一点点的影响，这也是‘慢慢的快’。”我听了之后很有感触，后来我把他的话写进了我的另外一本书《父母改变，孩子改变》里。实际上，我们不需要把家庭教育想得那么严肃，说得那么精深。

家庭教育的目标要建立在培养一个正常人的基础上，培养正常人就要用正常的生活，用正常的方式对他进行引导。要做好这些，最重要的是跟孩子生活在一起，这样你才可能看到孩子的变化，才可以理解孩子在变化的过程中难以避免地出现的一些差错和麻烦。顺其自然教育，这个孩子就不会有问题。现在有些父母经常会说，“今天的孩子特别脆弱，说不得骂不得”。媒体就曾报道过，有孩子因为某些小事，一时冲动，酿成不可挽回的悲剧。人们难以理解，孩子怎么会变得这么脆弱？其实，孩子不是突然变得这么脆弱的，这种悲剧不是一瞬间产生的，悲剧背后一定有着之前埋下的祸根。

孩子成长过程中有几个比较麻烦的阶段：四年级、初二、高一。我们不能简单看今天的孩子怎么这么脆弱，我们要去想办法还原，弄清楚孩子跟父母之间是不是有矛盾冲突，这种冲突是不是由来已久，孩子早期的成长中是不是有很多的麻烦。所有的灾难，虽然都有导火线，但它一定是各种问题不断累积的结果。

有一些悲剧，几乎真的可以说事出有因。曾经有一个小学生因课业压力大，情绪崩溃，不幸做出傻事，媒体就此事询问过我的看法。当时我说：“这个孩子的麻烦一定不在于学校，不在于老师；一定要看一下孩子的家庭教育。”后来媒体报道了这个孩子的生活，她是由奶奶带着的，奶奶、她，还有她的妹妹三人一起租住在学校周围。这个孩子就是我反复强调的那种缺少爱、缺少安全感、缺少基本生命呵护的孩子，所以，当她遇到麻烦时，是很容易崩溃的。几乎所有的崩溃一定来自早期亲子关系的问题、早期成长环境的问题，麻烦一定是在家庭里酿造出来的。

从学校教育而言，最重要的工作是认识儿童、理解儿童、善待儿童，不破坏、不想当然、不操之过急。后面这句“不操之过急”比较有意思，不要因为紧迫的事情而忘记最重要的事情。我们今天普遍存在因为紧迫的事情，忘记了最重要的事情。我们把孩子的成长看成是百米冲刺，看成是跟他人的竞争，我们仅仅重视孩子学业的成长，特别看重孩子的胜出，总是担心他会输在起跑线上，跟同学比要胜出，各个阶段都要胜出，人生更要胜出。但我们忘记了一个人成长的最为核心的东西是他精神上的成熟跟自主，是精神上的优势感，是精神上的更强大的自我改善的力量。

我女儿在英国读本科的时候发生过一件事。她学的是国际政治，刚开始时书看不懂，课听不懂，作业得分每次都是最低分。有一次，老师在试卷上给她写了一句话：“你是不是故意羞辱我？”成绩差到老师认为是在羞辱自己。女儿赶紧找老师解释：“我真的不是这个意思，我真的听不懂，看不懂。”最后，这位老师很诚恳地跟她道歉，并帮助了她。即使是在自己学业这么困难的阶段，她每次仍然跟我说：“爸爸，我比前一阵子进步了。”她一直在跟自己前一阵子比。即使是最困难的时候，她也没有被困难吓倒，也没有因为同学的优秀产生恐惧心理、自卑心理，她总是跟自己比。

从女儿身上，我明白了一个道理。这个道理在她小时候我是没办法明白的，或者说我没有信心说最终孩子会变成这样。其实，在孩子成长的早期，充足的满足、充分的鼓励，以及在他最困难的时候坚定地站在他的身后，对他一生而言非常重要。我认为可能没有别的事情比这件事更重要，至少在我自己孩子成长的过程中，我从来没有因为学业问题指责过她一句，从来没有。

其实我女儿的成长真的叫“慢慢的快”，真的是非常曲折。小升初时，她考上了一所比较好的学校，但初中之后成绩比较糟糕。她在文学方面非常优秀，但是她的老师跟她说：“你整天这样写写写，我看你连你的父母都不如。你要是再不努力的话，我觉得你只能读职业中学了！”不是说职业中学不好，但是老师用这种方式对待她，让她真的很难过。初二的时候她出了一本书——她其实从小学、初中、高中、大学一直都在出书，我说：“你送一本给你的老师。”她跟我说：“我不要送。”我说：“不管老师怎么样，你还要送。”送完书那天晚上回来，我问女儿：“情况怎么样？”女儿说：“我跟你说不要送，你还不相信。”我问：“老师说了什么？”她说：“老师说了什么还好。可老师什么都没说，拿着我的书转身就走了。真的什么都没有说，我站在那里完全不知道该怎么办。”虽然她从小学、初中、高中一直饱受挫折，但是她身上的有些东西始终没有改变，比如直率，比如对同学没有坏心眼，比如对自己的未来充满信心。

从她的身上，我明白了最重要的教育在父母这边，你千万不要认为你的孩子是被别人教坏了，教坏孩子的一定是父母，别人没有办法把你的孩子教坏。就像马卡连柯说的，如果你在孩子成长早期投入了时间与精力，那么孩子后面的成长就会顺风顺水；如果孩子成长的早期，你荒废了、忽略了，或者犯错了，孩子后面的成长就会逆水行舟。马卡连柯还说，很多家庭就是因为早期对于孩子的错误教育，才没有幸福可言。所以，千万不要因为紧迫的事情而忘记了最重要的事情。

父母随口一句话，可能毁了孩子一生

有一位教师朋友跟我说起自己童年时特别痛苦的一件事。小时候，她总是备受妈妈的打击，但又不知道是什么原因。妈妈好像对她总是没什么好脸色，不管她做得对、做得错，对她总是特别严厉。她妈妈总是跟她说，只要她在外面，不管跟谁吵架，不管是不是她的错，她有没有道理，只要她跟人吵了，回到家她妈妈一定要教训她。

她妈妈可不是只在口头上说说而已，有好几次其实是她在外面受人欺负了，结果回到家，她妈妈居然当众暴打了她一顿，这让她感到非常委屈。后来，无论是跟别人发生冲突，还是小伙伴之间闹矛盾，包括被人欺负，她回到家都是不说的，受再大的委屈都不说。

她一直不明白妈妈为什么要这么做。这使她唯恐妈妈不高兴，唯恐妈妈看到她表现不好而发怒，有一种很强的压抑心理。

还有一件事情，她说自己一辈子都忘不了。小时候妈妈从来没有给她买过衣服，她穿的衣服都是姐姐淘汰下来的。有一次，大姐给她买了一套新衣，她在拖拉机上把新衣展示给妈妈看，妈妈的反应让她非常沮丧——妈妈居然对着她吐口水，然后破口大骂。这样的伤害，落在谁身上，谁都会记一辈子的。

这个朋友跟我说起这件事时，给我的感觉是她真的一直没有忘记，她今年也四十来岁了，至今她都感到不解。我说："你有没有再跟你妈妈说起这个事？你妈妈后来也没跟你道过歉吗？"她说她妈妈完全忘记了，这些事情都记不得了。但是妈妈记不得的事，孩子都记得。在家庭生活中，父母对孩子的影响是最深刻的。父母对孩子说的话，有的是随口说的，有的是在气头上说的，有的是在还没有想清楚的时候说的，有的是因为心情不好故意这样说的。不管出于什么原因，这些话只要对孩子说了，很可能都会让他记一辈子，有的甚至会改变他的性格，改变他的命运，改变他对自己的评价。最可怕的可能是，孩子的生命会因为这句话而出现最悲剧的结果。

很多父母都低估了自己对孩子的影响，低估了自己对孩子说的轻慢的、轻蔑的、不尊重的或者随口而出的话对他造成的非常可怕的伤害。我们有时候说一言兴邦，一言丧国，那是提高到国家的高度。从个体生命而言，从家庭对孩子产生的影响而言，父母的一句好话可能会点燃孩子生命的激情；而父母的否定、敌意、蔑视的话，很可能会使孩子一生都生活在命运晦暗的阴影之中。甚至有的人，无论是事业或者其他方面取得了多大的成功，但是一想起童年父母对自己的那种否定与轻蔑的话语，他就会感到深深的沮丧。

我一个朋友就曾经跟我说过，她说一想起父母在她小时候对她说的那些否定的、轻蔑的话语，她就觉得好像幸福从来都没有光顾过她，而她所有的成功都变得没有了意义。你当然可以安慰你的朋友，你也可以劝你的朋友忘掉那些你认为早就应该忘记的话语，这些道理说起来很容易，但是人经历过的事，在记忆中深深烙印下来的一切，其实是没办法忘怀的。

有人说，一个人也许能够改变自己的记忆，但是能改变的往往不是这些最痛苦的东西，最痛苦的东西是最难改变的。我有时候会想，父母对孩子总是期许很高，有时候不如换一个视角来看问题——对待孩子，不要指望你对他的教育多么有智慧，只要没有伤害他就好；不要指望你对孩子人生方向的引导多么有价值，只要没有误导孩子就好。父母要老老实实地跟孩子说话，当你想要否定、想要打击孩子的时候，千万要遏制住自己，千万不要有这个想法，千万不要有这样的冲动，千万不要这么随性。你能做到这一点，就是孩子的福分，最后也可能会成为你的福报。

我们有时候说，父母应该成为专业的父母，也不妨说，可以将怎样才是专业的放在一边，先做一个善良的父母，先做一个不伤害孩子精神生命的父母，就已经善莫大焉了。

用心倾听，比什么都重要

这些年经常有人找我咨询家庭教育的问题，或者咨询孩子性格、成长方面的问题，我总是会讲很多的道理，但我也很清醒地意识到，有时候针对一个具体的人的问题进行分析，然后提出一些解决方案，其实是很困难的事。说这些，我想表达的意思是：你在帮助他人时要特别谨慎；你要知道有时候你的帮助也是需要有边界的，有时候你真的什么也帮不了；你要清醒地意识到你不是一个神医，你不能包治百病。话说回来，当有一些朋友向你诉苦的时候，你至少需要怀有一种同情与理解，当然如果能帮他回到具体的情境中去分析、去解决问题，就更好了。

有时候你会发现有这样一种情况，就是某个朋友经常跟你絮絮叨叨的问题，可能在很多人看来，包括在你自己看来，都觉得好像很小。你会忍不住吐槽：他怎么这么多年了，还耿耿于怀这么小的问题？你可能会因此觉得这个人眼界不够广，心界不够宽，人生境界不够高。除了过早地对他人做出判断外，其实你还可以有一个更好的选择——换一种思维，思考一下为什么他对这件事耿耿于怀。或许这件事情对他来说真的就是很重大，这件事情在他的记忆里面真的就是一个特别重要的存在。

其实，每个人对事情的理解，是很不相同的。同一件事发生在不同的人身上的时候，产生的影响也是很不相同的。

有时候我们对待自己的孩子也是这样的，你可能会从很高的一个维度，或者以一种无所谓的态度，去看孩子身上发生的事。有时候你会对孩子说："哎呀，你怎么心眼这么小啊！""你怎么把这件事情看得这么严重呢？"其实这样说都是不太妥当的，因为你忽视了每个个体的感受差异。举个例子，有些孩子平时挺大方，当别人来做客，父母把他喜欢的一些小礼物，或者他喜欢吃的水果送人时，孩子不觉得难过，有时候还会很高兴，但是如果父母把所有的水果都送人了，孩子就会当场号啕大哭，有时候父母会觉得挺尴尬，就会对孩子说："你怎么这么小气，我再给你买不行吗？"其实，不是这么回事。

把孩子喜欢的东西送人，在孩子那里，是要有一定边界的，比如有些孩子心里会有个前提——"你总不能一点都不给我留吧？"你把他喜欢的所有东西都送完了，孩子就很可能会觉得"你不够尊重我，你不够爱我"，当然有的孩子会主动跟父母说"你为什么不跟我商量一下，或者留一点点给我"。我知道，有时候你是希望孩子能变得大方，所以你给他做了这个大方的示范，结果却使得孩子反而变得更小气了，以后小朋友来家玩时他都会很担心，担心父母又把他的什么东西全部都送给别人。孩子的感受，跟父母的感受是不一样的。

我说这些，其实是想特别强调，当别人或你的朋友向你询问孩子成长的问题时，你要尊重孩子的个体性，你要站在孩子的角度去理解，你要跟孩子一起做这种分析，有时候你的朋友并不是要你帮助他解决问题，他也并不期待你帮助他解决问题，他只是希望你倾听，只是希望你理解，只是希望你能够给他一些温和的安慰。

其实在亲子之间，这样的一种情感需求，也是非常需要的。比如说有时候孩子受了委屈，或者孩子在学业上受到了一些重大的挫折，他并不见得说一定要你帮他解决问题。也许他只是希望得到你的安慰，也许他回家的时候，只是希望能扑到你的怀里。如果这时你能好好地抱他一下，好好地拍拍他的肩膀，拍拍他的后背，他就能从你这里得到一种支持，就能重新获得自己的生命力，就能更好地去调整自己。

所以你不要担心道理你好像没有讲透，或者道理你掌握得并不多，甚至道理你自己都没有悟懂，只要你把对孩子的爱表达出来，把对孩子的善意、支持、理解表达出来，其实你就是在帮助他解决人生的难题。

朋友之间的相处，亲子之间的相处，都有这样的一种需要，你做到了这一点，就足够了。

也就是说，我们要站在孩子的立场上，去理解他，去倾听他的需求，不要轻易地下判断，无须显得特别有智慧，也无须给出很多的解决方案，说不定方案多了对孩子来说反而适得其反。无论为人父母，还是与别人打交道，这都是需要我们审慎对待的一个方面。

孩子怎么样，父母都要学会接纳

有一个朋友们经常问我的问题，那就是孩子如果学习成绩特别不好，习惯不太好，学习的热情也不够高，该怎么办？

这里先不说造成孩子这种状况的复杂的原因是什么，这些原因以后我会慢慢分析，我想先说一下，如果孩子已经这样了，父母要怎么做才能对孩子更好。

先说一个笨办法，这个办法我自己内心是比较认同的。这个笨办法就是要学会接纳孩子。比如孩子成绩不是很理想，在学校里、在班级里一直比较后进，提不起太多的精气神，在学习习惯方面也有一些不好的表现，此时，作为父母的你肯定会着急、会焦虑，甚至你会从孩子现在的状态，预测未来他可能会成为一个失败者。其实，我们先不要看未来，不要看得那么远，有时候我们是看不清楚未来的。以孩子现有的状况来说，我认为首先要采取的方式就是接纳他，毕竟他这个样子一定是有原因的。你可能改变不了他，或者很难改变他，就算要改变也需要很长的时间。

很多问题的解决往往需要孩子自己去做出改变。就像有很多疾病能够痊愈，其实不是医生给治好了，而是我们自己的免疫力生发出来的力量战胜了这些疾病。人也是如此，学业上的不顺利，父母太着急很可能会添乱，会出差错。

我举个例子，这个例子中的孩子起初的问题并不是特别极端，但是对他的教育方法却有点极端。某地有一位名师，她在教学、学校管理和自己擅长的领域都颇有成绩，但是她自己孩子的学业却很成问题，怎么督促都不行。孩子的父亲把他送到了一所号称能改掉孩子的不良习惯，使孩子变得上进，实行类似军事化管理的学校。没想到，孩子到了这所学校以后，情况更糟糕了。本来孩子只是有学习跟不上的问题，到了这所学校以后他彻底崩溃了——对学业、对自己的成长完全丧失了信心。

孩子的父亲着急了，还想继续改变他。这次的方式更极端了——父母找了一个机构，对孩子使用催眠疗法。催眠疗法同样没有效果，不仅如此，自那之后，孩子不仅学业崩溃了，他的人生信念、他对自己的期许也完全丧失了。

后来，孩子回到家中，再也不愿意出门了，整天与电脑为伴。孩子的父亲曾经跟我说："孩子哪怕有一点点爱好，甚至这些爱好在很多人看来是不太好的，只要他肯走出家门，只要他肯跟别人交往，我都会感到很高兴。"然而，孩子几乎所有的热情都丧失了。

这位名师在跟我说这些的时候，我的心情很沉重。她也很后悔，觉得自己做错了，对不起孩子。我认为她的首要错误就是，她把更多的时间、精力都放在了教学、工作和对自己名声的追求上，对孩子的关心很不够。等孩子出了问题以后，又试图用简单、快速的方法来解决孩子的问题，她的内心也完全不能接受孩子学习跟不上这个状况，哪怕她是一位教学名师。

孩子的问题，有的是与生俱来的——这方面的问题最难改变，有的则是早期成长过程中的某些因素造成的，这方面的问题需要用很长的时间才能一点一滴地改善，而最终的解决可能还得指望孩子的自我觉悟。

对父母来说，接纳孩子的状态很重要，但这又是最难的。我们的心中总有一把尺子，我们用这把尺子不单丈量别人家的孩子，也丈量自己家的孩子：孩子总要达到及格线吧；达到及格线以后，孩子总要达到中等线吧；达到中等线之后，孩子最好能达到优等线。这种期待跟自身家庭在社会中的地位、声望也有关系，经常是地位越高、声望越高，父母对孩子的期许也就越高。

在面对孩子出现的问题时，我们往往很少去思考这些问题究竟是孩子的天性造成的，还是他在成长的过程中慢慢形成的，是不是需要家长拿出漫长的耐心跟他为伴。其实，只有接纳他、顺从他、鼓励他，才有可能慢慢地对他产生积极的影响，而这一点，我们恰恰考虑得最少。

让孩子感受尊重，跟孩子也要“好好说话”

这几天我跟几个朋友聊了一个话题，就是好好说话到底有多么困难。从我自己的角度来说，我觉得活到现在，人生的一个很重要的努力方向，就是要学会好好说话，学会对身边的人好好说话，学会对自己的孩子好好说话，学会对自己的朋友好好说话，学会对那些有时候无端攻击你的人好好说话。当然对于一些善意的批评，听到以后该怎么回应，也需要好好说话。

我们都知道，说话是人最基本的能力。从一岁多开始，大部分孩子就要学着说话。但怎么说话呢？尤其是各种各样的问题，各种各样的人，大多数是需要你现场就应对的，你该怎么好好说话呢？这真的是一个很大的难题。

有很多父母，就很难对自己的孩子好好说话。很多父母一看到孩子做得不对，一看到孩子做的事是自己不喜欢的，或者看到孩子没有按照自己的交代行事，就会暴跳如雷，声音变得非常严厉，音量马上高八度。

父母用威慑、谩骂的方式，制止孩子、批评孩子、打击孩子，在生活中并不少见。

虽然你是想教育孩子，但是这个所谓的教育，真的是可以叫作“反教育”。因为这样你根本制止不了他，或者你只能让他这会儿不这么做，但只要孩子自己没有想通，他就不会听你的。有时孩子就算想明白了，但你用这样的方式对待他，他也会产生逆反心理。我们常说孩子怎么这么逆反，其实逆反的孩子，都是在氛围压抑的、不断打击他自信心的环境中长大的。可以这么说，一个不会好好说话的孩子背后，往往有一个不能好好说话的家长。

我也经常反思自己怎么跟孩子说话。我的领悟是，随着孩子年龄的增长，跟他说话最重要的并不是你说得对与错，而是你说话的方式是否得当、得体，是否能够让孩子感觉到你对他的尊重。我经常在家庭教育的讲座上提醒父母：跟孩子说话之前，要三思，要慎言，不要什么都脱口而出，不要一下子就拿出你习惯性的说话方式。对自己习惯的说话方式，你真的需要不断反省，不断改进。

或许你会说“我以前都是这么做的”，以前都是这么做的就对吗？这是我们需要反省的。有时候要看场合，当着众人的面，千万不要批评孩子。纠正孩子之前，要先鼓励、先肯定，最好在一个比较愉快的氛围里面，用温和的方式提醒孩子。

我们教育孩子的核心，不是纠正他的错误，而是要让他获得自我教育的能力——换句话说，就是要让孩子“有自知之明”。可为什么有的孩子会失去“自知”呢？其实，就是因为你没给他恰当的提醒，你没给他成长的空间，你总是不断地打击他，不断地扭曲他，不断地使他变得烦躁。最后，孩子的这个自知力也就丧失了，变得跟你一样，甚至变本加厉，随之也就没办法跟别人好好相处了。

我们身边真的有很多人没办法跟别人好好相处，有人说这是教养的缺失，其实更大的问题不是教养问题，而是其父母对教育的理解以及他成长的环境出了很大的问题。

我这些年有一个很深切的体会，就是大家现在都有各种各样的朋友圈，各种各样的亲友群、工作群，看似交流变得很便利，但说实在的，我们大多数人真的很难再心平气和地进行交流了。据我的观察，当发生争执时，很多人说不了三两句就开始动怒，再说几句就开始问候对方的父母了，包括一些教师，以及所谓的学者、专家、教授。

从家庭教育的角度来说，这种状况单靠一代人的努力，是不可能彻底改变的，是不可能做到脱胎换骨的。但是只要父母有这样的意识，只要所有父母都能慢慢地加以改变，哪怕只是改变一点点，都是有意义的。

拿我自己的孩子举例，她小时候的身体特别差，隔十几天就要吃一次药，经常发烧、喉咙发炎，特别痛苦。我知道，她有时候情绪很急躁，我有时候免不了用一种不恰当的方式跟她交流，免不了跟她有一些冲突，有一些问题往往谈不下去。现在我开始经常反思这一点，我觉得我必须由衷地尊重孩子，由衷地喜爱孩子。我知道随着她年龄的增长，她会变得理性，这种理性尤其会表现在她跟父母的相处上，我发现她跟其他朋友、同学相处都没有什么大问题，但是有时候跟父母的相处就有一些小问题。经过反思，我逐渐注意与她交流的方式，现在她跟父母相处得也越来越好了。

如果一个孩子跟父母的相处有问题，他跟其他人的相处免不了也会有问题。所以，好好说话，确实是一件很难的事情，我们一起努力吧！

不要把儿童的特点当作“缺点”

爱迪生有一句非常有名的格言，我相信写在了中国很多的教室里，就是“成功是 99% 的汗水，加上 1% 的灵感”。从这个格言里面可以看到，努力是多么重要，它占了 99%。有道是天道酬勤，一个人不努力，就绝无成功的可能性。在这个格言里，“灵感”似乎变得不重要，它只占了 1%，几乎可以忽略不提。

但后来，我看到了爱迪生这句话的“原话”，其实这句话还有后面的半句——“但是这 1% 的灵感最为重要！”实际上，爱迪生这句话讲的是一个人的灵感对他生命的发展非常重要，然而并不是每个人都有这种灵感，或者说每一个人的灵感涉及的领域是不同的，而在灵感、灵气或者天分的基础上，你需要再付出 99% 的汗水，才能获得最后的成功。

在我的书里面，在我的讲座中，我总会对这句话加以引用，同时做很多分析，后来我也看到很多人谈论这个话题。但我今天对这个话题又有了一个新的理解，我认为我们在教育领域中宣传的很多格言都是值得深入思考的。一方面，像爱迪生的这句话一样，有些格言是不完整的，我们能够看到的只是一半，也就无法了解它完整的意思是什么。或许完整的意思更重要，它可以一下子洞穿我们那些肤浅的理解、有偏颇的理解，或者是有麻烦的理解。所以看格言就要看完整，这样我们才能建立

奶蜜盐 2

好父母帮助孩子精神成人

现代家教小锦囊
张文质答父母问

现代家教小锦囊

针对父母、家长在家庭教育中遇到的各种困惑

精选父母经常咨询的 36 个问题

以一问一答的形式为父母、家长“支招”

涵盖 *亲子沟通 *性格培养

*习惯养成 *行为管理 ……

*人际交往 *在校学习

从根源处思考和解决孩子的成长难题

实现孩子知识成才、性格成器、精神成人

如果一个孩子容易犯错，不是因为父母给的爱太多了，而是因为父母在给予孩子爱的过程中犯了一些错误。父母必须去辨别自己的哪些行为是溺爱，哪些行为是满足孩子正常需求的爱。给孩子的爱，永远不怕多。

——张文质

❶ 孩子做事总爱拖拉，跟家庭有关系吗？

几乎所有的孩子做事情都会拖拉，所以拖拉并不只属于某一些孩子。但是孩子的拖拉有时候跟父母有关系，父母如果做什么事都拖拉，孩子一定做事拖拉。当然，孩子的拖拉也跟孩子任务感不强、父母的过于纵容有很大的关系。比如说，孩子什么时候该完成什么任务，是有时间规定的。如果超出这个时间还未完成，但你仍然很纵容他，慢慢地，这就会让孩子形成拖拉的习惯。习惯一旦养成，拖拉就变成常态了。

❷ 孩子总是跟父母顶嘴，该怎么办？

你肯定很生气吧！但你要想一想孩子为什么会顶嘴。你有没有给孩子充分表达自己意见的时间？孩子每次说话的时候，你是不是都耐心听他说完？当孩子跟你意见不一致的时候，你能不能首先换位思考一下孩子的意见？如果你做的正好与这相反，孩子就会变得越来越喜欢顶嘴——他只能用顶嘴的方式，来表示对你的不满。所以，孩子改变，最需要的就是父母先改变。

❸ 孩子不喜欢父母夸别的孩子，该怎么办？

孩子总是希望父母多夸夸自己，这是人的天性。越小的孩子，越会觉得父母的爱应该全部给自己才对，只要父母夸了别的孩子、夸了他的小伙伴，他就非常不高兴。对于这件事的处理，一方面，你要理解，这是人的天性，是人的正常心理状况。另一方面，你要想一想，该怎么夸才合适。因为有时候你在夸别的孩子的过程中是包含着一种比较的。孩子讨厌你拿他跟别的孩子做比较，所以他会特别敏感。如果你经常这么做的话，结果就会变成，你只要一夸别的孩子，他就会很生气。

❹ 防止孩子遇险，父母要做好哪三点？

实际上，这是家庭教育最核心的问题。父母都非常害怕孩子出意外，因此我认为在家庭生活中有几个方面一定要做好。

第一，经常跟孩子分享一些有关生命安全的案例，让孩子明白危险无处不在，事事都应小心。第二，对孩子不能过度放手。车站、电影院、超市等，都是孩子特别容易走失的地方，其原因恰恰是父母认为在公共空间里孩子比较安全，因而对此并不在意。第三，孩子外出的时候，父母都要陪伴。即使是到同学家玩，如果是第一次去，父母也要亲自陪孩子前往，陪孩子回家。因为如果不了解对方家庭状况的话，也是有风险的。

❺ 孩子不喜欢跟人打招呼，该怎么办？

很多孩子都不喜欢跟人打招呼，这需要父母想一想该怎么帮助他。比如说，见到一些年纪比较大的长辈，你就跟孩子招呼一下，这是叔叔，这是婆婆，这是爷爷。孩子如果不愿意打招呼，你也不要勉强他，因为你越勉强，越会强化他不愿意打招呼的心理。每次你都很自然地跟孩子介绍一下对方，慢慢地，孩子就会接纳这样一种跟人打招呼的方式。其实，孩子的成长轨迹各不相同，有的孩子特别喜欢跟人打招呼，有的孩子就是不愿意跟别人打招呼，但这不是一成不变的。

❻ 孩子太争强好胜，该怎么办？

这个问题的出现，可能有两个原因。一个原因是，孩子表现得比较好的时候，你采取了非常过度、非常夸张的鼓励方式，这可能会让孩子觉得自己就是一个天才，所以他会按天才的标准要求自己。还有一个原因是，你经常把自己的孩子跟别的孩子做比较，为了赢得你的关注和表扬，所以孩子才总是想要胜出别人，于是养成了什么事都要争第一，没有得到第一就大吵大闹，没有得到第一就觉得天塌了，非常痛苦，非常沮丧。要想改变这种情况，实际上需要父母改变对待孩子做事情的态度，你要表扬他具体的事实，不要过度夸张，不要过度地拿自己的孩子跟别的孩子做比较。

7 孩子总喜欢撒谎，该怎么办？

孩子很小的时候就会撒谎，这是有关人性的一个很有意思的话题。所有人都会撒谎，撒谎是一件非常自然的事情。孩子会撒谎，其实也是他成长的一部分。所以，父母对孩子撒谎的问题，有时候也不要觉得非常恐慌。针对孩子撒谎的问题，最好的教育方法就是纠正他。根据事实来纠正他，使他的撒谎变得不成立，然后再对孩子进行必要的提醒，这样慢慢地他就可以改掉这个习惯了。

8 孩子总喜欢打人，该怎么办？

确实是有这样的一些孩子，老想打别人。其实，这也是天性的一部分，在人的天性里真的有一种攻击性，只是在有些孩子身上表现得更强烈一些。对于这个问题，关键应该是孩子打了别人之后，父母怎么做。我觉得，父母要当场制止孩子的这种行为，当场批评，如果比较严重的话，回家之后还应该进行必要的惩罚，比如关禁闭，比如剥夺他一些游戏的机会，尤其是剥夺他外出跟小朋友一起玩的机会。给孩子必要的提醒和适当的惩罚，他以后就会注意啦。

9 孩子总喜欢买这买那，该怎么办？

实际上问题就出在你第一次带他去商场的时候，是不是他喜欢什么，你就给他买什么，习惯就成自然了。另外，人天生都是喜欢新奇东西的，你每一次都能满足他，他就会变得肆无忌惮，甚至贪得无厌。所以，父母一定要有一个原则。什么原则呢？去商场之前，先跟孩子说清楚今天能买什么，不能买什么。实际上，定规矩就是为了让孩子养成好的习惯。

⑩ 孩子太乖了，这样好不好？

肯定不太好。因为从天性而言，孩子就不应该对父母的话、老师的话言听计从。为什么孩子会这么乖，这么听话？很可能是父母对他的要求太严厉了，从小就不让他有自己的声音，有自己的意见，甚至孩子撒野、吵闹时，父母还会严加批评。慢慢地，孩子所有的翅膀都被父母剪断了，孩子还怎么自由地飞翔呢？

⑪ 孩子很害怕犯错，该怎么办？

一个很害怕犯错的孩子真的会变成一个胆小鬼。如果孩子在每天做任何事情时，比如跟人说话、做事、外出交往、运动、游戏等，关注的中心每时每刻都是避免犯错的话，你说这个孩子有多可怜啊，这个孩子会变成胆小鬼，随时随刻战战兢兢，遇人遇事总是往后退，再也没有胆量表现自己。我觉得最需要反思的是父母，你为什么让孩子这么害怕犯错呢？当孩子犯错的时候，你对他的批评是不是太严厉了？你是不是每天老想着纠正他的错误呢？你的注意力是不是一直盯在孩子是否犯错上呢？这些问题，父母和老师都需要反思。学校是允许孩子犯错误的地方，家庭更是允许孩子犯错误的地方。人是在错误中学习的，所以错误并不是一件令人恐惧的事情。想要鼓励孩子勇于尝试，我们首先要肯定孩子所做出的努力、所做出的成绩。面对孩子尚有不足的地方，我们要在先肯定的基础上，再给他一些提醒，这样他的注意力就不会集中在对错误的恐惧上，这样孩子也就不可能变成胆小鬼了。

⑫ 别家孩子有的东西，孩子也想要，该怎么办？

看见别人的东西很好，我很羡慕，我很喜欢，这是一个正常的心理。但是，有时候，有些东西父母根本满足不了，或是不应该满足，所以父母要跟孩子分清楚，不应该满足的坚决不满足，没办法满足的跟孩子说清楚。每个家庭的经济状况不同，并不是别的孩子有的条件我们都得拥有，我们都应该满足。要让孩子明白他跟别的孩子的不同，明白自己应该怎样合理地提出一些要求。

⑬ 孩子不爱运动，该怎么办？

告诉孩子中考要考体育，考试有时候对孩子的运动习惯也会有一些促进作用。另外，我觉得孩子不爱运动，最需要反思的是孩子的爸爸。运动这件事情，最重要的是爸爸要带着孩子去运动，如果爸爸不爱运动，想让孩子特别喜欢运动是非常难的，可以说爸爸不缺位，孩子一定爱运动。

⑭ 孩子兴趣班上一半不想学了要不要同意？

不要马上就同意，你要跟孩子具体讨论一下这件事情，询问他为什么不想学了，原因何在。要让孩子说出具体的理由，不能仅凭感觉，也不能觉得遇到困难了，他就可以放弃。这是第一点。第二点，孩子如果真的想放弃，要让他自己写申请书，写清自愿放弃学什么班什么班，然后给他一段冷静期，比如两周时间，告诉孩子再学学看、再想想看，最后如果孩子依然决定不再学了，责任就在孩子身上。

⑮ 孩子的要求不被满足就哭闹，该怎么办？

冤有头债有主，对于这样的问题，我们都要从源头开始讨论。那么，从源头梳理，这个问题出现的逻辑是什么呢？是你无限制地满足孩子的要求，让孩子认为他的所有要求，你都可以满足他，你都应该满足他。随着孩子的要求越来越多，越来越离谱，你开始不能满足他了，这个时候孩子开始哭闹。对于孩子开始的时候哭闹，你又没有及时制止，没有及时批评教育，渐渐地孩子的这种哭闹的行为越来越放肆，在家里如此，在外面也是如此，甚至他会更喜欢在公众场合大吵大闹，把这个作为要挟。这时候问题就比较严重了，当出现这种情况的时候，父母应该及时制止——当然，我说的制止不是当众打骂，而是要把孩子带回家，先带回家，然后再教育。如果这种情况发生在家里，你可以先做一些冷处理，不支持不反对，倘若冷处理没有效果，你再很明确地对他进行一些惩罚，比如剥夺他应该得到的一些礼物，应该参与的一些活动——剥夺要适当，同时心肠要狠一点，非如此不可。实际上孩子对父母的教育是有服从意识的，所以父母要有原则，要有改进的意识，发现问题要及时去处理，当机立断，如果还是放任自流，孩子的性格会变得非常糟糕，孩子的脾气会令人难以容忍。再往后呢？他跟谁相处都可能非常惹人厌。

16 打完孩子之后很后悔，该怎么补救？

我认为最重要的补救是下一次不再打孩子，从这一次开始彻底改掉这种教育孩子的方式。教育孩子方法有很多的，你完全不需要用这种方式来教育孩子。如果孩子必须接受惩罚的话，父母可以采用以下几种方法：第一种，当面批评教育，当面指出孩子的问题；第二种，不让孩子出门玩乐，比如取消周末的游戏活动和外出活动；第三种，不给孩子买他想要的东西，或者拒绝满足孩子学习方面的某些特殊要求；第四种，适当关孩子禁闭，让孩子在自己的房间里反思。很多父母从来没有仔细反思过打孩子会有哪些危害性，你能意识到，已经算是有一点进步了，变革就从发誓自己再也不打孩子开始。

17 孩子在家能说会道，一上台就紧张，该怎么办？

其实这是一种成长的常态。如果没有经过特别的训练，几乎所有的人在众人面前讲话都会非常紧张，有时甚至紧张得说不出话，有时哪怕准备得很充分，也会突然忘记。还有的人一上台就紧张得想上厕所。这种身体的、心理的反应，都是你需要理解的、接纳的。更重要的是你要鼓励孩子勇于去尝试，去挑战，去经历这一切。如果第一次很失败，千万不要指责他，他只要能上台就已经是成功了，然后才是能够讲得更好一点，比如很流畅、很生动、很感人。所有的成长都需要一个缓慢的过程，你要让他有时间、有精力去训练，去强化，这样他的能力才能慢慢提高。不要指望孩子在家里能说会道，一登台同样能够能说会道，不信的话，你自己也可以试试看。

18 孩子做事没有主见，父母该怎么引导？

孩子没有主见的原因有很多，比如胆小，比如害怕承担责任，比如担心自己提出来的建议遭受否定、遭受批评。究其根源，在父母这里。当孩子有自己的见解时，你总是打击他，总是对他的见解表示不赞同，长此以往，孩子就会丧失主见。我们一定要相信，鼓励是最有力量的——肯定孩子的想法，肯定孩子的尝试，甚至肯定孩子在尝试过程中犯的那些错误，孩子才会真正自信起来。犯错误只是跟他的经验、知识、判断力不足有关系，跟他的主见没有关系。作为父母，如果你能把这两点分清楚，孩子就会变得更有主见。在生活中，跟孩子相关的事情，我们一定要让孩子自己先提意见，即使孩子提出的意见不那么妥当，也要肯定他提意见这件事情，让孩子自信起来。在家庭生活中，那些跟孩子相关、但孩子并不能决策的事情，你也不妨先听听孩子的意见，这样孩子就会觉得他也是家庭最重要的成员，他就会有更大的责任感，也会更有信心表达自己的建议。当然，父母还可以就社会中的某些新闻、某些重要的时事跟孩子进行讨论，听听他的看法，慢慢地，孩子就会变得更有主见。

19 孩子稍微受点委屈就哭个不停，该怎么办？

孩子受了委屈就哭是很正常的，关键要看父母怎么对待孩子的哭泣。

首先你要去接纳孩子，孩子受了委屈哭泣的时候你不要批评他，不要指责孩子受这么小的委屈哭得这么大声，你要去接纳他、安慰他、拥抱他，让他得到心理上的安慰。实际上，这个委屈是什么没那么重要，孩子受了委屈向你哭泣，其实是希望你能注意到他、看见他，能安慰他、鼓励他。所以当孩子受委屈的时候，你不能漫不经心，更不能把孩子的委屈不当一回事。你不重视他，他就会哭得更厉害，就会一遇到委屈哭个不停，你可能觉得孩子性格不好，其实你更要想一想，所有的性格不好都跟爱的缺乏有关，跟父母的暴躁脾气有关，跟父母对孩子的否定有关。父母需要有更正常、更健康的对待孩子的方式。孩子求安慰，你就先安慰，然后再慢慢地给他讲一些道理，这样今后他就不会乱哭泣了，他会更加勇敢地面对自己遇到的各种挫折。

20 孩子总爱邀请伙伴来家里玩是好事吗？

孩子喜欢邀请小伙伴到家里玩，说明孩子挺受同学欢迎的，他一定很热情大方，小伙伴喜欢到你家里玩，说明你家也挺受小伙伴喜爱的。不过，这里我要提醒你几个注意事项：其一，孩子邀请小伙伴来玩，一定要征求小伙伴父母的同意，也就是说你要亲自给小伙伴父母打电话，小伙伴父母同意了才能邀请，不同意或者很勉强就不能邀请；其二，孩子什么时候要小伙伴来玩，也需要经过你的同意，要让孩子知道不是他想邀请就能邀请的；其三，小朋友们一起玩，玩什么孩子事先也要跟你商量好；其四，他们在一起玩时，你虽然不能一直盯着，但也要时不时地看一下他们在玩什么，这样有助于他们玩得更快乐、更安全。

21 孩子嫉妒心很强，该怎么引导？

孩子嫉妒心很强，最重要的原因是孩子从小缺爱，比如从小没有生活在父母身边，从小父母陪伴不够，从小父母对他的鼓励与肯定不够，从小父母就喜欢拿别的孩子与他做比较。爱的缺乏会使孩子的嫉妒心变强，加上父母错误的行为进一步强化孩子的这种不平衡的心理，所以他就很可能表现得特别强烈。如果孩子的嫉妒心特别强，你要做的不是批评教育他，而是更多地爱他、陪伴他、鼓励他，然后再引导他，提醒他改善，我把这称为“先满足后引导”。

22 孩子总喜欢跟同学攀比衣着，该怎么办？

孩子的学校没有校服吗？如果学校不要求统一穿校服，且对孩子的着装没有规定的话，孩子之间确实很容易产生攀比。攀比是人类的天性，你首先要理解这一点，所有人都喜欢穿得更漂亮，都喜欢更令人瞩目，都喜欢得到别人的夸奖，天性几乎没有办法改变。但是如果孩子将所有的心思都花在衣着上，花在试图胜人一筹上，那可能就有麻烦了。父母确实应该引导孩子着装整洁、得体，符合儿童的特点，穿得既好看又合适，更要引导孩子不要总想在着装方面受到别人的夸奖，要告诉孩子这样的夸奖几乎没有任何的意义。

23 孩子的专注力不够，该怎么办？

除了一些身体因素外，孩子的专注力不够往往跟他的习惯有很大的关系。如果小时候每次在玩游戏时，在跟父母说话时，在跟父母散步时，总之每次跟父母在一起或者在家里做什么时，总是被人打断，总是不能全身心做事的话，这样的孩子的专注力往往是不够的。到学校之后，有些孩子会特别兴奋，特别喜欢发言，特别好表现，不喜欢安静听讲，其实，慢慢地，这样的孩子的专注力也会不够。培养孩子的专注力其实也是一种时间的训练，比如孩子读书时，不要让孩子马上就问问题，不要只读了一句就开始问问题。另外，运动也有助于孩子专注力的培养。运动过程中，孩子往往更不容易走神，孩子的专注力更不容易转移。游戏过程中也是如此，千万不要认为孩子在游戏的过程中过于专注，会影响到他的学习成绩，专注力本身就是需要培养的，专注力一旦养成，对孩子做任何事情都是大有帮助的。

24 孩子做什么事都要先谈条件，该怎么办？

孩子做什么事都跟你谈条件，与之前你让孩子做事都跟他谈条件有关。父母奖励孩子的方式不得当的话，有时候是会有麻烦的，什么事情该奖励，什么事情不该奖励，你要分清楚。凡是孩子要做的分内的事情是不需要奖励的，这是孩子必须完成的，是父母要督促孩子完成的。当然，完成之后，父母还是要给予肯定，及时鼓励孩子、表扬孩子的。那如果孩子要做的不是他分内的事，父母该怎么办呢? 这同样需要对事情进行分类。有些事只要口头表扬就行了，摸摸他脑袋，拍拍他肩膀，夸一夸就够了。有些事可能做得让你特别开心，但即便如此也不要用过于夸张的表扬方式，比如奖励一大笔钱，许一个很大的承诺，实际上这都会刺激孩子的反向思维，会让孩子觉得，以后做事前要跟父母讲条件，没有这些条件，很多事情他就可以不做，慢慢地，孩子就会养成习惯。所以反思要从父母开始，父母做到位了，孩子就会是一个正常的孩子。

25 怎么夸孩子才比较有效?

不要乱夸孩子，不要随时随地夸孩子，不要用不切实际的方式夸孩子。夸孩子要谨慎，我认为最好的夸是一种对孩子的评价。说到评价，就得实事求是。比如，孩子今天做事情比原来做得更好，你对他的这个“更好”进行鼓励，甚至奖励。对他的这种表扬，你最需要记住的一点就是要有针对性，不要夸大其词，不要把夸奖孩子变成对孩子的一种讨好。夸张的讨好对亲子关系是一种破坏，会让孩子今后对父母没有敬畏心，你的夸奖、你的表扬会大大贬值，对孩子的进步没有任何的促进作用。

26 孩子特别在意老师的评价，这样好不好？

首先不是好不好，孩子在意老师的评价，这非常正常。孩子到学校跟着老师学习，老师带领孩子成长，所以孩子在乎老师，是一个很正常、很好的心理状态。父母也不要妒忌哦，不要觉得老师的话都是圣旨，父母的话都是耳边风，如果有一天父母的话是圣旨，老师的话是耳边风，你可能就要哭了。

27 孩子在学校受到同学排挤，该怎么办？

遇到这种问题，首先你需要反思一下你的孩子在学校里的这个处境是怎么产生的。第一，跟老师了解，孩子在学校是否有哪些表现特别不受其他同学的喜爱，或者孩子是否有哪些特别明显的不足、弱势受到别的同学的欺凌，这些父母一定要了解。第二，观察自己孩子的言行，如果你从不关注孩子，每次都等到孩子自己回家说他在学校被别的同学排挤甚至欺凌，我可以说，作为父母，你是不称职的。当然还有一些孩子由于特别胆小，可能会在跟同学交往的过程中处于某种弱势，并不是真的受到了同学排挤。但是就孩子而言，只要其他同学不跟他玩，或者不主动跟他玩，他都会觉得自己受到了排挤。所以，作为父母，更重要的是要鼓励孩子更大胆、更主动、更热情、更友善，这样慢慢地，他在同学中的处境就会得到改善。

28 孩子总是跟成绩差、表现不好的同学交朋友，该怎么办？

很多父母想到的就是应该阻止孩子，其实父母这么想也没错，所有的父母都希望自己的孩子跟优秀的人做朋友，跟学习好、品德高尚、富有责任感、待人礼貌的人做朋友，这是人之常情。“孟母三迁”给我们的启迪也就是要有好的邻居、好的伙伴、好的成长环境。但是，父母也要想到另外一个问题，你怎么知道孩子交往的人都是一些学习不好、品行又差的呢？这些人是孩子班上的同学吗？如果是孩子班上的同学，同学之间确实是有差异的，我们首先不能对他的同学草率地做这样的界定。另外，孩子在交朋友之前，也是有选择朋友这个环节的。作为父母，我们要引导孩子跟优秀的人、跟表现更正常的人交往。孩子两岁以后就需要有朋友了，这时父母需要陪在孩子身边，跟他的小朋友们一起玩。在陪着他的过程中，你会知道孩子跟人交往时他的表现如何，他的小伙伴的表现如何，然后你再给他做一些指导，孩子的认知能力就会得到提高，他就会懂得选择更合适的人做朋友。

29 孩子成绩特别好，同学孤立他，该怎么办？

现实中确实有这种情况，某些同学成绩比较好，其他同学内心会产生一些不平衡，这也是人之常情。但是问题可能还在于，老师特别在意学生的成绩，经常当众肯定你的孩子的优秀，经常拿他来跟其他同学比较，原本因为你的孩子优秀而产生的不平衡，在老师的强化之下，进一步加深，从而导致你的孩子被其他同学孤立。对一个家庭来说，在就这个情况跟孩子交流的时候，不要否定他的优秀，优秀本身是孩子良好的品质——孩子跟同学交往不好，我们不能要求孩子不要这么优秀，而要告诉孩子尝试更主动地跟同学交往，尽可能多地帮助同学，为整个班级做出更大的贡献。

30 孩子上课总走神，该怎么办？

孩子走神的原因有很多。有些孩子走神是因为没有吃好，比如早餐质量太差，早餐吃得不够，甚至没吃早餐，这样上了第一节课以后，孩子的心思就不在课堂上了。这一点，很多父母重视不够。早餐吃好可以说是一个很重要的保障。有些孩子走神是因为没有睡好，睡眠与早餐同样重要，孩子有充足的睡眠，第二天的专注力就会有所提高。还有些孩子走神，跟他的情绪状况有关。专注力是需要培养的，如果孩子不断被打断，经常处于焦虑的状态，不能自信地做自己的事情，他的专注力就非常容易涣散，在课堂上就容易心不在焉，有时候甚至心神完全不知道游到哪里去了。如果发现孩子上课走神，父母要认真审视一下原因到底出在哪里，然后对症下药。

31 孩子一到考试就紧张，该怎么办？

老师把考试的重要性说得太严重，孩子就会很紧张。老师考完试以后，总在班上表扬那些考得好的同学，然后提醒那些考得不好的同学，孩子会更加紧张。如果父母也跟着老师起劲，那么孩子就会变得崩溃，甚至疯狂，很容易有考前焦虑症。最好的办法就是，老师跟父母都不过度强调考试，将考试看作是学习的一部分，克制住把考试看得太重要的这种倾向。

32 孩子可能抄了同学的试卷，该怎么办？

抄同学的试卷是件很严重的事情。很多父母听到后，马上就火冒三丈，非常生气。其实在生气之前，我们需要做的、更为重要的事应该是了解清楚这件事情是不是真的。如果是真的，学校会有什么样的处罚措施，这需要你跟老师具体商量。另外，还要考虑到，这种事对孩子而言也很严重，所以父母首先要站在孩子的身后，要保障他不会出任何的意外，然后才是考虑相应的教育问题。

33 孩子的学习动力不足，该怎么办？

人天生都是喜欢学习的，人只有通过学习才能发展自己，所以人的天性里面就有通过学习不断提高自己、发展自己的这种本能。孩子学习的动力不足，一定是动力系统遭到了破坏，父母有必要反思一下：你什么时候破坏了孩子的动力系统？破坏孩子的动力系统往往有这么几种情况，当你要孩子学习什么的时候，你总是对他的学习成果不满意，并因此开始怀疑他是否不用功，是否不够专注，是否不刻苦。其实孩子达不到预期的学习成果的原因有多种，可能他是第一次尝试，可能是他的能力还不足，可能是他的认识不到位。想要克服这些问题需要父母充分的鼓励和耐心的帮助。父母不要急着去做评判者，父母更需要做的是鼓励者、帮助者，这样孩子才能更有信心地、更用心地学习。因为孩子知道父母总是相信他，父母总是鼓励他，他做得越好就会得到父母越多的肯定和赞赏，这样孩子渐渐地就会形成学习的自动力，孩子会更渴望学习，会对学习更有信心，会品尝到成长的快乐，无论学什么都会信心满满。唯有父母改变，孩子才可能改变。

34 孩子总抱怨老师过于严厉，父母应该怎么做？

孩子抱怨老师过于严厉的时候，父母不要马上附和，也不要马上对孩子批评指责，而是要让孩子说得具体一点：在什么事情上老师特别严厉，老师是怎么严厉的，老师是对孩子一个人特别严厉，还是对其他同学或者全班同学特别严厉。只有把事情了解清楚了，我们才能知道真相。如果老师确实过分严厉，特别是在不该严厉的事情上特别严厉，或者是对你的孩子好像格外严厉的话，你就有必要跟老师交流一下。我认为，跟老师保持这种积极的正常沟通非常重要，老师有时候也会犯错，也会意识不到自己的某些错误，所以与其指责老师，不如协助老师改善，这样不仅对你的孩子大有益处，对老师的发展也很有益处。

35 孩子只听老师的话，不听父母的话，该怎么办？

一方面，这是因为老师懂得教育孩子，父母不太懂得教育孩子。另一方面，孩子不听父母的话，有时候是因为孩子跟父母的关系太过亲密，这种亲密导致了父母权威性的丧失，让孩子从很小就有某种所谓的“逆反心理”，要求他怎么做，他偏要不那么做。所以，我认为父母也要像老师一样，学会跟孩子交流，学会督促孩子完成他该完成的事情，并及时地对孩子所做的事情进行恰当的评价。这会有助于孩子更乐于接受父母提出的要求。我经常说培养孩子的规矩意识，其实是最难的。如果孩子在家里不服从父母，对父母的话当成耳边风，其实最需要反思的是父母。父母需要认真思考一下：你是怎么教育孩子的？你的权威性为什么比老师差这么多？然后，好好地向老师学习，争取做孩子的“老师”。

36 孩子进入青春期总是对父母大吼大叫，该怎么办？

对父母大吼大叫，也是孩子青春期的一种常态。有时候，孩子自己不知道为什么会对父母有这么强烈的怒气。这跟孩子的身体成长、心理成长有关。快速成长的孩子，有时候会控制不了自己，有时候需要宣泄。有的孩子本来对父母就有很深的怨气，借着青春的“冲动”，将怨气宣泄给父母。还有些孩子，到了初中，可能在学业、人际关系、师生关系等方面，遇到了不能解决的困难，也需要宣泄。找谁宣泄呢？首先都是找父母宣泄。所以作为父母，你要明白，成为孩子的受气包，就是你命运的一部分；成为孩子的父母，就需要承担这样的痛苦。另外，有些父母也需要认真检讨一下。孩子的很多问题其实早已有之，正是你平时没有处理好，那些怨气才会积累在那里，直到某一天爆发出来。当然，这种爆发是有各种各样的风险的，父母不能火上浇油，也不能用更简单粗暴的方式来回应孩子。父母要后退一步，要学会忍让、学会承受，这才有助于孩子顺利度过青春期。

2
奶蜜盐
好父母帮助孩子精神成人

起正确的理解力。

另一方面，格言其实是成人世界的一些准则，格言大部分是为成人世界准备的。比如说“天道酬勤”，比如说“勤能补拙”，比如说“种瓜得瓜，种豆得豆”，再比如说“一分耕耘，一分收获”，等等。你会发觉，这些格言首先有一个特点，就是付出与收获成正比，就是只要有付出，就有产出，我们付出越多，产出就越多。但是仔细想一想，有时候也不完全是这样，我们的付出跟产出之间，还有其他一些影响因素，一些规律性的东西。

但我重点要谈的不是这个，这里我想说的是成人世界的逻辑跟儿童世界的逻辑不是完全一致的。比如很多父母会跟我说“我的孩子就是太磨蹭了，做什么事都很慢”“我的孩子就是太不专注了，很容易分心”“我的孩子就是特别没有耐心，一件事情经常没办法坚持着做下来”。我们把这些都看成是儿童的缺点，但是我们很少想到，这恰恰是儿童的特点，儿童本来就是这个样子的。你最重要的不是指责他有这个样子，而是要接纳他的这个样子，理解他的这个样子。我一再强调，这个样子就是孩子的天性，你要耐心地呵护他，你要细致地帮助他。当然，你还要有勇气等待他成长。

其实，孩子的成长是很慢的，在这个缓慢的过程中，孩子有自己的建构能力，他会从“慢、不专注、兴趣很容易转移、怕吃苦”等特点里面，慢慢地往前进步，他会不断地去建构自己。孩子的成长过程就是他自我建构的过程。但是如果你不断地打击他、否定他，他就很容易陷入烦躁、不安与自责之中，就会对父母产生敌意、愤怒，有时候他就会强化自己这些所谓的特点。这些特点强化了之后，真的就成了缺点，成了一种顽固的、内在的毛病，成了孩子成长中的一个麻烦。很多父母不明白，每个人都是这么过来的，可为什么有的人没有这些缺点，有的人却有这些严重的缺点。其实，这些父母并没有看到问题的本质，他们没有看到很可能是教育上的错误导致了孩子在变化中、成长中的这些特点被强化为缺点，没有看到孩子的缺点恰恰是“错误的教育”导致的严重后果。

有时候孩子成长过程中还有另外一个麻烦，就是父母没有去帮助孩子，没有有计划地、一点一滴地去影响他。其实，在你的积极帮助、影响之下，孩子会慢慢地发展出自己的能力来，这是教育的一个非常重要的功劳。但是如果你没做到积极的引领，反而特别严厉，总是指责，或者漫不经心，对孩子放任自流，孩子的成长就会遇到很多难题。

很多父母很少这样去思考，他们很少思考儿童世界跟成人世界之间存在一些内在的区别。如果父母不用对待儿童的方式去对待他，那么这个孩子的成长就会变得特别不顺利。所以作为父母，我们今天真的需要不断地学习，这样才能真正走进孩子的心理世界，从而把家庭教育做得更专业一些。

父母掌控不了自己的现在，焉能掌控孩子的未来

中国的父母对孩子成长的忧虑大概有两个特点，一个是一直忧虑，一个是全面忧虑。

说这句话的时候，我并没有把自己作为一个例外，我也会忧虑，也会牵挂，也会对孩子的成长感到迷茫与担心，有时候我还会很自然地想——很多中国父母都会这么想：我是不是能够帮孩子安排得更好一点？当然，这往往也是父母的一厢情愿，父母总希望自己有能力给孩子创造一个更美好的未来。

其实，谁能把握命运？谁能把握孩子的未来？这个世界变化太大了，变化太快了，变化得太猝不及防了。

孩子的未来哪里是父母能够掌控的，父母都掌控不了自己的现在，还怎么可能掌控孩子的未来？所以是时候思考一个重要问题了——我们是关心孩子、忧虑孩子，可最该关心、最值得忧虑的到底是什么？

我在长沙现场讲课的时候，会跟孩子的父母做一些互动。在一次互

动中，一位年轻的妈妈提出了上面这个的问题。她自己其实也是一所学校的校长，她的孩子各方面都很好，性格开朗，喜欢运动，学业很专注，成绩也很优异。但是这位妈妈经常忧虑孩子每天在学校除了上课还会干什么，比如她会经常问孩子课间在干什么。说实在的，我以前还真的很少过问孩子课间在干什么。这位妈妈的孩子课间都是在看书，他喜欢看书，可这样一来课间的活动就不是很多了，妈妈很担心课间不去运动一下，对孩子的身体不好。

这位妈妈上面的担心是有道理的，但她还有另外一个担心，她觉得她的孩子应该跟其他同学有更多的互动。比如上一次竞选班干部，孩子的得票率就很低，没有得到更多同学的认可，这让她很为孩子发愁，觉得孩子的领袖魅力还不够。说实在的，她这样的思考是有价值的，但她可能忽视了其他的方面。

其实，孩子的成长有时候是阶段性的。拿这位妈妈的孩子举例，这一段时间，他特别痴迷读书，所以课间忘了活动，忘了跟同学进行互动，但这并不表明他不喜欢运动。他体育课上玩得很嗨，周末跟父亲出去玩也很嗨，这说明这孩子还是喜欢运动的，只是在不同的发展阶段他有自己的一些特点。

另外一点，是很多妈妈经常想不到的。你的督促、提醒和强化，屡屡不断，有时候可能会适得其反，会让孩子变得有点不耐烦，无论你怎么提醒他都会不当一回事，甚至由于种种的逆反心理他反而会更坚持自己的做法。这种情况很多妈妈没有想到。有时候她们的“为你好”真的也是“为你好”，但是这个“为你好”在母子心灵的良性互动方面做得不是很到位。

需要说明的是，有时候妈妈的提醒不分场合，也会给孩子带来一些困扰。比如男孩长大了，有时候妈妈当着爸爸的面，或者当着家人的面提醒他，他会不太高兴；如果是当着同学的面的话，他会更难受，更有抵触心理。

我经常强调的是，我们首先要肯定孩子自己的选择，肯定孩子自己的方式；遇到问题了，我们需要耐心地等着他自己进行调整，除非你觉得问题很严重，但再严重也不能当众提醒或批评，注意选择适当的场合，而且不要直奔主题；不要每天都追问他：今天运动了吗？今天跟同学互动了吗？今天同学表扬你什么了吗？今天在班上你做了什么特别得意的事情？类似这样的追问，反而会让孩子觉得不太舒服。其实男孩五六年级了，妈妈这么孩子气的问题真的会使他很难受。

妈妈也需要成长，我们说斗智斗勇，不是跟孩子作斗争，其实更核心的是伴随着孩子的成长，我们也要变得更有智慧。五六年级的孩子，你真的不能很直接地批评他，很直接地提醒他，他有时候会觉得特别没面子，会很不愉快。这样，有时候他回复你时会没大没小，他会不给你面子，又会让你觉得很伤心。

我还有一个主张，也是给这位妈妈和其他有类似问题的妈妈一个提醒：男孩到了这个年龄，最好交给他的爸爸去管，因为妈妈看问题细，而实际上孩子的心是需要变大的，如果妈妈的心没办法变大，那就把他交给心更大一点的爸爸吧，之后妈妈有什么想法，通过爸爸跟孩子交流可能效果会好很多。

所以我们对孩子的爱、对孩子的期许，包括对孩子的担心，都应该随着孩子年龄的增长而变得更有智慧、更有格局、更有境界，这样，孩子的成长才会更稳健。

“分餐制”让孩子体会权利与责任

每年我们奶蜜盐成长学院在惠州欧野奇境营地的夏令营结束的时候，我都会做些总结。每次参加夏令营的仪式时，我都有很深的感触：这些来参加夏令营的“00 后”和“10 后”的孩子，与“80 后”或“90 后”相比，区别真的是太大了！

中国近十年的社会发展很快，变化很大，整个社会的文化环境，包括家庭育儿理念、学校培养目标等，也都在发生急剧的变化。自从开始举办夏令营之后，我就在想，今天的孩子最缺的到底是什么，我们这样的夏令营到底要以培养孩子什么样的能力为自己的目标。

经过再三观察和深入思考，我认为现在孩子普遍有三方面的缺失，在前面我也曾提到过。第一是运动缺失。现在的孩子运动的时间特别不够，大部分家庭重视的程度不够，有的家庭直接把运动当成了考试，中考该考试了，才要求孩子加强一下运动，但这个加强还是以通过考试为目的的，并不是为了孩子身心诸方面的真正发展，并不是为了帮助孩子培养运动能力，形成运动习惯，形成运动意识——形成“运动就是生命本身应该拥有的”这样一种意识。

第二是社交缺失。社交缺失是儿童发展中需要特别改善的一个非常重要的方面。说实在的，如果没有足够的闲暇时间，没有足够放松从容的心境，没有一个具体的需要共同参与学习的项目，孩子之间真正的交往，特别是非同学关系的交往，是特别缺乏的。而通过观察孩子的交往，你可以发现孩子之间的差别，这些差别既有显而易见的外在差别，也有一些不容易被发现的内在差别。

有时候由于对孩子的了解不够深入，我们看到的孩子并不完全是真实的孩子。从举办这个夏令营的第一天起，我们就发现孩子之间的差异是很大的。所以当时我们就想，我们需要从孩子的差异、从培养具体孩子的具体目标入手设计课程。

我举一个例子。你有没有观察过，大部分夏令营，孩子吃饭是分餐制，还是合餐制？合餐制好像更便于交流，但是在第一餐时我们就发现合餐吃饭是有问题的。因为来参加夏令营的孩子各个年级、各个年龄的都有，有些孩子比较大，有些孩子特别小，孩子上桌之后，比较小、比较害羞的孩子和一些在家里吃饭比较有规矩的孩子，会存在特别大的劣势，他们往往吃饭不够主动，结果饭菜一下子就被其他孩子抢光了。合餐吃饭不是一个好办法，所以第二餐，我们就改成了分餐制。分餐制，实际上还有一点很重要。采取分餐制时，孩子可以自由选择自己想吃的东西，同时在这个基础上你可以监督他到底能不能吃完，如果不够还可以给他添加，这样你就能够直接了解他的饮食状态，培养孩子对饮食的责任感，并且孩子不会随便浪费食物。虽然是分餐制，但大家还是围坐在圆桌旁的，可以相互交流的，只是各吃各的罢了。在疫情还没有结束的当下，分餐制本身也有利于公共卫生安全。

当然，更重要的是，我们希望所有的课程都有助于我们对孩子的了解，都能够促进孩子身心诸方面的发展。

第三种缺失是自然缺失。现在的孩子跟大自然的接触实在是太少了，户外活动太少了，晒太阳的时间也太少了。现在很多孩子都胖乎乎的，实际上跟他们晒太阳晒得不够、流汗流得不够，有一定的关系，当然跟运动不够的关系更大，这里可以说孩子发胖最核心的原因不是吃得太多，而是运动得太少。

对此，我们该怎么帮助孩子改善呢？到大自然里去改善，大自然本身就有很强的治愈功能。所以我们奶蜜盐成长学院在课程设计上下足了功夫，安排了很多军事项目、劳动项目、户外观察活动、户外写生活动以及户外游戏，孩子们喜欢得不得了。我能清楚地看到，他们的眼睛中重新焕发出了光芒！

这里面还要举一个很有意思的例子，前几天刚刚看到一个报道，日本的一个家庭主妇特别害怕晒太阳，无论到哪里都要把自己裹得严严实实的，结果这给她带来了很大的麻烦——在两年的时间里，她居然整个人矮了 7 厘米！从这个例子中可见，如果你想要让孩子长得高，就需要让他经常亲近大自然，经常运动，经常晒太阳，就需要让他的身体素质通过户外运动、流汗、不断加大强度的锻炼等得到强化。你整天都把孩子裹起来，除了会让孩子发胖或者瘦得可怜之外，还可能会让孩子一直长不高，或者会让孩子已经长高的身体发生萎缩。

看到孩子有可能长不高，已经长高的孩子有可能萎缩，是不是给身为家长的你敲响了警钟呢？要想孩子能够健康地成长，就让他多到户外去运动，多到阳光下去锻炼，多让他去流汗，多让他去奔跑吧！

社交缺失会降低孩子的共情能力

我在介绍营地教育的时候，特别强调了要把社交缺失作为儿童发展中需要特别改善的一个非常重要的方面。实际上对儿童社交能力的培养，在我们的教育里面一直是不够重视的。我们虽然也会讲到孩子的同伴教育，但是并没有把孩子的社交能力作为孩子需要具备的最重要的一个素养来进行思考。

人类学家实际上很早就发现，人的天性里面是有与人交往、与人交流、与人进行各种各样的信息分享的需求的，社交实际上是人与生俱来的一种能力。

对于人类这一与生俱来的能力的来源，人类学家给了我们一个合理解释。人类自从走出了非洲大草原，一路往世界各地繁衍发展，在这个过程中困难重重，人类能够生存下来的一个最为重要的前提就是，人要成群结队，要有一个部落、一个家族，要背靠一个大规模族群，这样他才有能力、有勇气面对大自然，面对不可知的各种各样的危险。那些孤独的人是活不下来的，那些跟别人没有交往、没有社交能力的人很可能是最早被淘汰的。所以，随着人类漫长的发展、进化，这一能力慢慢地就成了人天性的一部分，成了人的一种本能，成了我们的基因里面一个非常重要的元素。

虽然有时候，人也需要孤独，也需要独处，也需要沉思。但是从人的最基本需求出发，跟人交往、跟人分享，不仅是一种精神的需要，也是生存的需要——甚至有人认为，交往能力可能比聪明更重要，比智力、智商更重要。

实际上，人就是在交往的过程中学习的，即使智商再高，如果没有与人交往，你自身的能力也是非常难以提升的。所以跟人交往本身既是人性的需要，即身心的需要，又是人发展自我的一种需要。

但在今天这个社会里面，这一点变成一种新的问题。由于通信的便利，人跟机器相处的时间越来越多，在虚拟空间的交往越来越多，相较之下人在真实世界的交往实际上是在压缩的，在减少的。也就是说科技虽然给人们的生活、工作，以及各种交往——尤其是虚拟交往带来了诸多便利、便捷，但它也使人们在真实世界里的交往变少了，变单一了，被压缩了。

有人说，现在有时候就是一家人坐在一起，都没办法好好地交谈。而没办法好好地交谈，就不可能有真实、亲密、舒适、温馨的，能够带来生命热情的这样一种情境的出现。所以可以说现在的人类面临着很大的挑战——越来越多的人过上了虚拟的，甚至不需要与人进行更多交往的生活，而这样的生活实际上对他精神的损害是非常大的。在这种生活中，人可能会更容易抑郁，更容易有精神上的各种困顿，更容易产生各种各样的精神麻烦。因为这样的生活是违背人的天性的，是违背人类的需求的。凡是违背天性、违背人的自然需求的，它都是有麻烦的。但是等你意识到这个麻烦的时候，再去改变它已经非常困难了。

所以促进孩子之间自然的、真实的、积极的交往，应该被作为青少年身心发展的一门非常重要的课程，也就是说我们要用课程的方式有效地促进他们真实的交往。因为只有在真实的交往里面，孩子才会感受到所有的人都是真实的人，所有人都是跟他一样的，都有喜怒哀乐，都有七情六欲，都有自己的独特性，都有自己与众不同的优势，等等。这样，才能培养出孩子的共情能力，培养出他的同理心，培养出他对他人的责任感，培养出他跟他人合作的意识与素养。实际上，这就是建构一个更健康、更和谐、更积极的社会的核心基础，这样的基础其实是从每一个人的内在素养的发展开始的。

我们千万不要把孩子培养成一个孤僻的、封闭的、不愿意与人交往的、没有户外生活能力的、对户外生活没有向往的、无法适应群体生活的人。对很多父母而言，这是一个需要认真面对的、并不简单的新课题。

童年接受的矛盾价值观，会带给孩子一生困扰

我们经常说的一个话题，就是一个人童年时期接受的那些价值观会怎样影响人的一生。当然，我这里着重讲的并不是普适性的价值观给人的一生带来的影响，而是那些充满着矛盾、冲突的价值观对人的一生造成的困扰。

我举个例子，一个人平时看起来非常正常，跟他交谈都很顺利，但是有时候一旦你们在某一件事情上有分歧，这个人就对你恶语相向。你可能会很困惑，他怎么就这样了呢？我到底哪里惹到他了呢？他怎么就这样突然地从一个挺斯文的人，变成另外一种很狰狞的面目呢？

其实这不是个别现象，可能很多人在日常生活中都曾遇到过，可能很多人本身就是这样的。想要追寻这种现象出现的原因，需要回到我们的童年。我们童年时候接受的很多的价值观，本身是非常矛盾的。

这些矛盾的价值观不管是哪一面的，其实都会造成你的困扰，不是困扰别人怎么评价你，而是对你而言这些在童年、青少年时代所接受的

价值观本身就是巨大的困扰——你没办法凭自己的感觉，凭自己的心灵去做判断，因为这些早早被装进大脑的价值观会在很大程度上干扰你的感觉、你的心灵。

这些矛盾的价值观对一个人造成的困扰，并不是过一段时间，大脑就能够复归于清晰，复归于宁静，复归于人性的；实际上人的大脑一旦被装进这些充满了矛盾、相互冲突的价值观、生活方式，以及待人接物的态度，他一辈子可能都很难平衡。所以一个人性情古怪，往往不是天性如此，而是跟他所受的教育，他处在什么样的环境里，他跟谁相处，都有很大的关系。人的大脑是没办法说删除就删除的，无法在觉得大脑有问题时，给它清洗一下，修理一下，整理一下，改善一下——任何人都是无法做到这一点的。你所接受的教育、你的生活方式、你的各种各样的遭遇，都会在你的精神上留下非常深的烙印。

一个人之所以有时候很矛盾、很容易动怒，有时候不能好好地说话，有时候很容易对别人产生敌意、怨恨，经常觉得自己受到了伤害，其实跟成长过程中所遭遇的矛盾、痛苦的经历有着很大的关系。这些经历会形成一道很深的疤痕，看上去很正常，好像一切都好了，但不能触及，一触及就疼痛，一疼痛就发作，一发作就会产生各种各样可怕的仇恨，就会表现出强烈的情绪反应。

我经常会感慨，如果一个人从小受到的教育，始终是很明确的、很清晰的，哪怕这个教育的层次比较低，对一个人形成他的思想，形成他个人交往的方式，形成他待人接物的态度，也都是极有帮助的。这样的一个人可能一生都会比较平和、比较平静、比较冷静、比较有独立思考的精神，尤其是他在情绪上不会有各种各样的混乱。当然更重要的是，他不会因为一件什么事情就特别容易被激怒。很多人一旦被激怒，就会对所有的一切都不管不顾了。很多人在发生争论、争吵时，为了“战胜”对方，甚至会不择手段、斯文扫地，哪怕这个胜利实际上是很可怕的一种胜利。这样的人，我们在生活中见到的实在是太多了。

我之前也曾谈到，我不太愿意跟人争论，不是说争论没有意义，而是有时候你想不到争论会把自己导向哪里。与人绝交不说恶语，不在背后把你们原来交往过程中的所有一切都翻出来，这才是“君子”。但是这样的“君子”在生活中太少了，“君子”只有在一个特别健康的环境中才能培养出来。像这样的话题，今天的父母都可以仔细想一想，然后你就会明白，我们应该怎么培养我们的下一代。

听大人讲话，孩子思考力倍增

阅读对人的一生有着重要的意义。

我看过一篇文章，讲的是一位亿万富翁的故事。

这位富翁童年时生活很悲惨。后来到了香港，有人建议他要多读书，他就开始读书，那个时候他的文化程度很低，读书都是一知半解，但遇到不明白的地方，他就向人求教，一边揣摩一边提问，然后继续学习，学不懂的就反复读，一遍一遍地读，慢慢地就读进去了。

其实，阅读的过程也是一个人阅读能力、理解能力，特别是逻辑思考能力不断升华的过程。说到阅读，我们经常只说阅读丰富了我们的知识，但其实阅读之所以重要，就是因为在阅读的过程中，我们的整体阅读能力都得到了丰富与提升。

童年时期的阅读更为重要，因为阅读习惯往往会影响人的一生。

阅读这个话题需要不断地强调，其实很多父母都可以做到，它不需要你有多高的文化水平，只需要你有这样的意识——不断地提醒孩子阅读。当然，如果你能经常跟孩子共读，跟孩子共享，对孩子的影响会更大。

小时候，我父亲教育我的一种方式比较奇怪——他不反对我听大人说话。有一些家长很讨厌孩子在边上听大人说话，但我父亲觉得听大人说话能够增强孩子的理解力，丰富孩子的见识，但是他也给我提出了一条很奇怪的要求，那就是听得懂就听，听不懂也不要问。

为什么不要问呢？

因为他要我自己去思考。毕竟，大人说话的时候孩子插嘴，是很没礼貌的。但不插嘴就总有一些不懂。这样，我就得自己去想了。我只好仔细听，努力听出他们的意思，听出他们的弦外之音，听出他们前后的逻辑。

说实在的，我当时不太能理解。我们总是希望一个人能够勤学好问，但是我父亲却认为孩子不能多问，问多了就会事事都很依赖问别人。好问的人不见得聪明，有问题自己去思考的人可能更聪明。这对我是蛮有启迪的，后来我就养成了专注倾听别人说话的习惯，并且在倾听的过程中，能够持续地思考他说的到底是什么意思。即使有时候他表达得不是很连贯，不是很清晰，或者有些混乱，我也都能听懂他真实的想法，听懂他本来的意思。当然更重要的是这种专注的倾听习惯，后来变成我的一种跟人交流的方式——与人交流时，我确实比较有耐心，哪怕是特别唠叨的朋友跟我坐在一块，我也很少打断他，不管他说什么，不管他说再久，我也会专注地倾听。

还有一点，也特别重要，那就是做教育研究的人更要学会倾听。我在听孩子说话时就特别专注。听孩子说话很重要的一点就是，不要认为你听懂了就不让他继续说了。作为一位老师，你总是很容易地就能听懂学生的话，但即便如此，你也要有耐心让他说完，让他努力地说完整，让他按照自己的方式先说完。对他而言，能按照自己的方式完整地说完，本身就是一个进步，对吧？同时，通过你的耐心倾听，他会从中获得鼓舞，会对老师的这种行为由衷地感到温暖，对老师的工作由衷地产生敬意。

然而，一些老师有时候会觉得，反正你说的我都听懂了，你就不要再说了，不要这么唠叨了。还有些老师有时候对某些孩子特别容易不耐烦，学生才说两句老师就会打断他，不让他再说。这跟老师的整个教学计划是有关系的，老师要完成教学任务，孩子说话唠叨，他怕影响教学进度，却又不给孩子具体的说话指导。比如，孩子怎么讲话，老师应该一步一步地引导，而不是在他讲话的时候不断地打断他，因为打断他说话是很无礼的，打断他说话是很伤害人的，打断他说话对孩子的进步是没有一点帮助的。做一个老师，要有耐心，要有方法。

当然，作为老师还特别需要有教养，这一点在课堂很少有老师重视。教师要表现出一种让孩子敬仰、值得孩子学习的教养，包括对待孩子的态度、言语、穿着，整个形象都要注意，这种教养是教育最好的范本。很多老师在这方面重视得不够，在课堂上经常显得很粗糙、很急躁，有时候还很粗鲁，这些都是对孩子很不好的示范。

其实，专注地听一个孩子说话，不管他说什么，我们都专注地听，对其他孩子也是一个很好的引领。当一个孩子发言的时候，我们的注意力就要全部放在这个孩子的身上，这不仅是孩子知识学习的过程，也是培养一个文明人的重要方式。

二宝间的“敌意”有时是父母随手种下的

特别多的人向我咨询家里大宝跟二宝之间的一些事情，好像大宝跟二宝闹矛盾的还真不少。大部分的咨询都说到，大宝会欺负二宝，会当面嘲讽二宝；二宝做什么，大宝都打击他；有的家里是大宝偷偷地欺负二宝。父母很担心，担心二宝在情绪上会受到打击，会特别委屈、特别自卑，反正就是担心大宝的行为会影响到二宝的健康成长。

对于会发生这样问题的原因，有不少爸爸妈妈在咨询的时候都说到了。

有一种情况是父母在生二宝的时候，把大宝送回了乡下，等到二宝长大一些后，再把大宝接回来。像这种情况，大宝往往会心里有怨言，对父母感到不满，有的甚至会认为父母很偏心，为了生二宝就把他送回乡下去，他觉得受到了莫大的委屈。在一些家庭，大宝回到家以后，父母又没有跟他进行必要的说明，也没有积极地安抚大宝的情绪，特别是对大宝觉得委屈的地方，所以大宝有时候就会把情绪发泄在二宝身上。

这种情况还真不少见。

还有一种情况是二宝出生以后，父母把二宝送回乡下去，或者送到外婆或奶奶家里去，等到一两年之后才把二宝接回来。但是二宝接回来以后，很容易出现两种状况，一种状况是大宝不喜欢二宝，大宝觉得原来家里就他一个，二宝的到来好像把爸爸妈妈的注意力、视线中心都给夺走了，所以大宝对二宝有一些怨言。另一种状况是二宝的问题，二宝从小在乡下，从没跟父母长时间地、正常地生活在一起，所以二宝特别自卑，性格特别内向，回到爸爸妈妈的身边后，就像家里的客人一样，特别胆小，经常让爸爸妈妈不知道该怎么办才好。另外，孩子们自小不在一处，互相不了解，很难相处在一起，有的二宝会觉得自己是一个外来人，有的二宝很怕大宝，有的二宝对大宝很有敌意，总而言之，两人的关系不太正常。

出现这些情况之后，家庭一定要引起重视。这些向我咨询的朋友，他们已经比较重视了，正着手去解决孩子之间，以及孩子跟父母之间的问题。

但是你一定要记住以下三点。

其一，孩子之间已经发生的问题，要想在短时间内解决，是非常困难的，也就是说这些问题其实都是累积的结果，都是在漫长的时间里形成的，在短时间内，你不可能彻底地解决它。

其二，你一定要有针对性地解决具体的问题，不管症结是在大宝身上，还是在二宝身上，我觉得由于亲子之间的疏离而造成的伤害，一定要重视。实际上这样的伤害往往会贯穿孩子一生，会严重地影响亲子间的关系，以及兄弟姐妹间的关系。这真的是一件大事。从父母的角度来说，为了大宝或二宝，而把其中的一个孩子送到乡下、送到老家，这种长期的分离对任何孩子来说都是莫大的伤害。你要知道，伤害发生了就需要做安慰的工作，做补偿的工作。当然，这些安慰跟补偿，有时候你又不能当着另一个孩子的面做，否则另一个孩子又会产生不愉快的、被冷落的心理，所以有一些安慰跟补偿，最好要单独进行。同理，有一些甜蜜的话，也不能当着另一个孩子的面说，不得不当着两个孩子的面说的时候，一定要一碗水端平，家长一定要有这个意识。

其三，这一点很重要，其实作为父母，你一定要积极地鼓励、引导两个孩子友好相处，对任何孩子的评价，都一定要做到公正、精准、不偏袒，不要凭感觉或者粗略的印象行事，比如其中一个孩子给予奖赏，另一个孩子却给予批评，这往往会对孩子造成伤害。你不要说“我都是为了孩子好”，这个话不成立，当你的孩子觉得你不公正的时候，他怎么可能会觉得你是为了他好，所以父母要尽量做到公正。

实际上，我们要特别重视、鼓励大宝，哥哥要像哥哥，姐姐要像姐姐。但这里有一个很重要的前提，那就是父母要尊重大宝的地位，在尊重他的地位的基础上，你才能要求他承担起哥哥姐姐的责任。我曾经举过一个例子，我说如果你要奖赏孩子，如果只有一个奖赏，那你应该奖赏给大宝，大宝得到奖赏之后，他才能体会到作为哥哥姐姐的责任，他要谦让，他要去照顾二宝，你对他的这种肯定跟鼓励会促进他的责任感的产生。同样，你也需要鼓励二宝去尊重大宝，也就是要鼓励二宝做好弟弟妹妹的这个角色。

在家庭里面，一方面你对两个孩子都要充分尊重，做到公正对待；另一方面又要根据孩子的不同情况，进行个别辅导、个别教育、个别奖赏，让他感到家的温暖。

心理作怪：二胎父母希望小宝慢点长

前几天有一个女性朋友跟我咨询一件事，她总觉得自己家的孩子太小，没办法上小学。她家的小女孩今年上幼儿园的大班，实际上在大班里，她已经比其他小朋友大一点了。这孩子是下半年生的，她同龄的其他小朋友都已经上小学了，但朋友觉得自己的孩子比较小，就推迟一年上小学，所以还在上幼儿园。

可即使如此，我这朋友看自己女儿的时候总是觉得她特别小。她一直有这么一个心理：孩子这么小怎么能上小学呢？这么小，上小学该怎么办呢？

我就问朋友："你大孩子是多大上小学的？"她说："也是这么大，实际上还比现在的小女儿更小一点。"我接着问："那你当时有没有觉得自己的大孩子特别小呢？"她说："没有，我从来没有想到过大孩子很小，我当时只觉得他到了上小学的年龄就应该去上小学。"我说："可现在你为什么会觉得小的特别小呢？"她说："我也不知道，也可能是因为大的特别大了，所以看小的就觉得特别小。然后还会觉得她很可怜，她还这么小，你说要上小学这该怎么办呢，我真是为她很发愁。"

我说："看大的孩子时，比较没感觉，因此有时候心肠有点硬，孩子很顺利地上了小学。现在你的心肠变得柔软，怎么看小朋友都觉得她小，其实她真的不小，她是应该上小学了。但是这里却出现了一个问题，你总觉得这个孩子特别小，是吧？于是，你就用了一种特别柔软、特别心疼、特别怜惜的方式去对待她。可你有没有发现，你越是用充满母性的怜爱去对待你的小朋友，她就会显得越小？她是不是有时候会做出更小的小朋友的样子跟你相处？”

这是我观察过很多小朋友后得到的认识。父母往往对自己小的孩子都有类似的心理，可很多父母不知道，你以这样的方式对待他，他有时候就自觉不自觉地会把自己装得特别小。上幼儿园大班的孩子实际上都五六岁了，可有时候他的神态、他说话的样子，你都可能觉得他好像只有二三岁的样子。

这里就会出现一个问题。如果大的孩子这样说话，你会很生气，你就会说：“你装什么装？你怎么搞成这个样子？”但是小的孩子这个样子，你就觉得很喜欢他，你会说：“你好可爱啊，像一个小玩具、小宝宝。”所以有时候大的孩子心里会不太舒坦，觉得父母对待他们两个是有区别的。

对于大的孩子，你希望他快点长大，希望大的孩子做小的孩子的榜样，大的孩子要更坚强，大的孩子要更懂事，大的孩子学业上要更优秀，大的孩子更不需要让父母操心。对小的孩子，你就希望他永远这么小、这么可爱，永远长不大，永远依偎在父母的身边扮可爱、扮可怜、扮幼稚。也可以这么说，小的孩子特别懂父母的心。这是普遍的规律，因为他懂得父母的心思是有回报的，但是大的孩子懂父母的心思有时候却是要被惩罚的。

其实，对待自己的任何孩子，人在情感上都有类似的这种心理，有的时候是希望孩子快点长大，但另外的时候可能又希望孩子不要那么急着长大。只不过这在更小的孩子身上体现得更明显。

二孩政策之后，有很多已到中年的父母搭上了生二宝的车，而二宝跟大宝之间年龄差较大，这个年龄差，让父母难免会更多关注更为弱小、更为脆弱的二宝，对二宝投入的感情就较为细腻，也更加关怀备至。

而且随着年龄渐长，到了三四十岁，人的心肠自然而然地就变得更柔软了。到了四五十岁以后，要再生孩子，就很容易把自己的孩子当成“孙子”来养，满满的都是慈爱，都是喜爱，都是怜爱，怎么形容都不为过。

其实，怀着这样的满心怜爱教育孩子，很容易心肠需要硬下来的时候硬不下来，需要严格的时候严格不起来，需要批评、惩罚的时候下不了手。这样一来，对孩子的教育有时就会奖惩不分，对孩子教育的原则就会很含糊，就会使孩子比较任性，比较纵容自己——“我想怎么样就怎么样，反正你拿我没办法，我只要扮可爱、扮可怜、扮幼稚，就能解决问题了”。看来，父母把自己的孩子宠成了“孙子”，真不见得是一件好事。

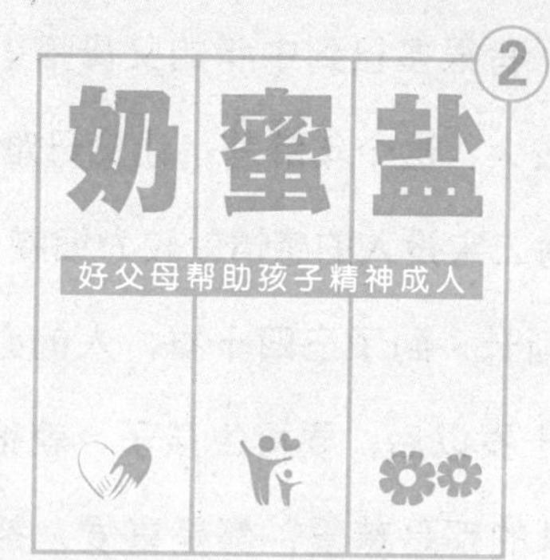
奶蜜盐
2
好父母帮助孩子精神成人

第5章 从人性出发，培养孩子的好习惯

孩子的成长是有规律的，掌握了这个规律，

你对他的行为就能够做出判断，

对他成长中出现的问题就能够进行引导，

这样你才可以说成了真正的父母，

成了专业的父母。

每个人身上都有生来如此的特质

哪些是生来如此呢？生来如此就是我们长成人应该有的样子，有人最基本的情感、价值观，有七情六欲、喜怒哀乐。弗洛伊德有一句话最能概括这一点：人的生物性是人的最大的宿命。人生下来，就有他本性最基本的需求，都要经过生命的成长，最终走向死亡。这就是人最大的宿命，没有人例外。

当从生命的角度去思考一个人时，我们可以变得包容，变得开阔，变得富有理解力。但无论你怎么描述这个人，这一切都要建立在对人的理解上。我们身上住着全人类，所有人都是如此，没有例外。这才是我们的同理心、共情力形成的最基础的条件。

我们去看一个孩子，这是你的孩子，也是人类之子。即使你觉得你的孩子特别特殊，但是这个特殊性一定是人性的一部分，是没有例外的。人性的这种普遍性，恰恰是我们思考教育，是我们对待孩子、与孩子相处，收获自我接纳、自我理解，获得一种生命的亲民感、开阔感的过程中最为基础的东西。

我是 20 世纪 60 年代出生的人，那个年代出生的人到了我这个年龄，基本上都有一个共同的毛病，不是肥胖、高血压这一类毛病，而是低血糖。一饿就开始出汗，开始发虚，开始心慌，几乎每个人都有，但是很多人都不知道这是低血糖。这个低血糖可能就跟我这一代人生活的时代有很大的关系，跟我们童年时代的饥饿有很大的关系。所以人生在什么时间，中国人是很看重的，冥冥之中，它肯定有很多道理。同理，你生在什么样的家庭，也很重要。

我前两年去长沙给湖南省特殊教育学校的老师讲课，在讲课的过程中，很多人都哭了。这不是因为我对特殊教育有特别的研究，而是因为我从小就明白在我家庭里有一个特殊的人——我的叔叔，他是一个在智力上有巨大局限的人。作为一个残疾人，我的叔叔对我的影响比所有课本对我的影响都大得多，比所有老师讲的道理加在一起都要深刻得多。这就是一个具体的人，一个具体的生命存在，可以对另一个人产生的最为直接的影响。

你知道一个智力有局限的人，是多么痛苦吗？有一个台湾作家说，人类很大的麻烦就在于，聪明人实在理解不了愚笨人的痛苦，身体健康的人实在理解不了有生理疾病的人的不幸。因为共情、同理是很困难的。

我还有一个堂叔非常聪明，在童年的时候我就知道，他是我们村最聪明的人。他后来上了北大。他小时候和自己的一个哥哥在一个房间里，哥哥在读书学习，他在一旁听，结果听两遍就会了。一天下来，他学到的比哥哥还多。哥哥很努力，却敌不过弟弟的天赋，这看似简单，却有着极为复杂的内涵。只有具备这样一种对生命的种种复杂性的理解，你才能对那些愚笨的孩子产生由衷的同情，你才知道他们为得到自己拥有的一切，已经经历了什么，付出了什么。

我很多年都在小学听课，去过不少很边远的地区。有一次我去某小学一年级课堂听课，一听就知道有个孩子的数学非常差。下课以后我跟老师交流，问这个孩子的数学怎么样，老师说非常差，只考30多分，他从来没有教过这么差的学生。我问他怎么办，他说只能把对这个孩子的要求降低。他说最重要的不是降低对这个孩子的成绩要求，最重要的是要让这个孩子保持对于学习的渴望、对于学习的热情，不要过早离开学校。

我问这个老师，校长对他的工作怎么评价。

老师说，校长也理解，因为校长知道他班上有这样的孩子。

后来我跟他开玩笑说，校长不理解的话，可以让校长自己来教教这个学生，这样校长就知道有多困难了。

后来校长说他去这个孩子家里家访过，他一直以为这个孩子是学校里最差的孩子，没想到这个孩子竟然是家里数学学得最好的人。

所以，在真正的教育中，作为一个教师有时候会有一种天然的不幸——教师要跟人的智力做斗争，而跟人的智力做斗争的结果，往往都会以失败而告终。

当然，另一方面，作为一个孩子，他又要跟家庭文化带来的影响做斗争。其实这种斗争也是极其困难的。可以说，一个人出生的时间，出生在什么家庭，甚至出生在什么民族，都是对他的成长影响很大的。

我是华东师范大学中文系毕业的。而我在华东师大上学的时候，身上总是带着强烈的自卑感——对家乡的自卑。那时的我知道自己是乡下人，家在贫困的乡村，对自己的故土和家乡的历史文化一无所知。一直到了三四十岁以后，我才知道，我的家乡福建省闽侯县历史上有很多名人，比如林则徐、严复、林徽因等。但那时候我对此完全无知，无知就产生了自卑。

就我而言，说实在的，我对家乡历史的无知，使我很难有一种由衷的生命自豪感。其实，家乡历史能给予我们的不只是自豪感，更为重要的是它能让我们更有方向。比如，我们村出过一个进士，他是民国时期福建首任省长。后来我意识到，如果在我童年的时候，就有人能够正面描述我们村的历史文化，评价我们村历史上的著名人物，其实是可以给我带来方向感、带来自信的，也就是说这会让我产生对更高目标的期许。很遗憾，童年时候的我完全生活在无知里，生活在对自我和生活环境的消极评价里。

包容和鼓励孩子的“生来如此”

去听课，去观察孩子时，我经常会这样想问题：当一个孩子遇到具体困难时，教师或父母有时候确实会拿一个更好的孩子作为参照。这是人之常情，所有人其实都会以一个更高的标准去评价具体的人。但是这样的评价，有时候是不公正的，因为这样的评价不是建立在对这个人真实的了解、真实的评估之上的。

作为父母，你要知道，你一次性给定孩子的东西，是他一生最大的宿命。孩子生在什么时代、什么地区、什么样的国家、什么样的家庭，出生后的智力如何、健康如何、身体如何、天赋如何，这一切才是对一个人最具影响力的决定性因素。

记得，姚明去NBA打球时，曾有一个美国体育专栏作家为姚明写过传记，他说姚明注定要成为伟大的运动员，因为他的父母是上海最高的男人和女人，他们的结合一定会生出一个巨人。

当然，有天赋是一回事，有天赋的人是否从事某种运动又是另一回事。前几天，我在我们小区碰到一个年轻人，他是刚刚搬进来的，个子非常高。我忍不住问他有多高，他说已经超过一米九。我问他读几年级，他说现在才读初二。我不禁好奇他怎么长这么高，他跟我说可能是他妈妈的遗传，他妈妈的身高也超过了一米八五。接着我问他喜欢什么样的体育运动，他很羞赧地说自己什么都不会，他妈妈跟他说什么都不要学，最重要的是好好读书。

我听了觉得非常遗憾。这个孩子生下来已经具备巨大的优势，但是他父母不是这样理解的。其实，孩子的优势没有得到发挥，或者没有得到充分的鼓励和尊重时，有时候也会转化为某种自卑，转化为某种在成长中起障碍作用的东西。

人身上的“生来如此”，才是对人影响最大的、决定性的因素。但是，有时候我们会更相信后天因素，更相信人的精神力量、人的勤奋。这样的观念，就社会价值观导向而言，肯定是没有问题的；但是这种导向，也会带来某种麻木，带来某种狂热，带来某种不切实际的幻想——让我们以为，改变一个人并没有那么难，我们轻而易举就能够实现。

说到生命中那些无法改变的事物，我想到了一件比较有趣的事，以及我由此引发的思考。有一次我组织了一个海峡生命教育论坛，有一位台湾学者说：“我们中国人选择结婚对象时讲究门当户对肯定没有问题，但有一个问题我们没有注意到。”然后他讲了自己的故事。

他说他到女朋友家里提亲，女朋友的奶奶和他进行了一长串的问答：

“我们这里都是最年长的人来提亲，为什么你爷爷不来？”

“我爷爷已经去世了。”

“那应该你父亲来。”

“我父亲也去世了。”

“那你们家平均寿命是多少？”

“我们家平均寿命四十八岁。”

“我们家平均寿命八十五岁，你们家平均寿命只有四十八岁，你怎么敢娶我们家姑娘？”

最后，他的女朋友替他圆场说：“奶奶，不要紧，他买了很多保险，是有保障的。”

这是我第一次听到这样角度的故事，故事里的这位奶奶思考的是另外一个方向的东西。这个故事给我一直思考的生命教育提供了一个明确的思考点。说实在的，我们很多人对人生有很多规划，或者说很多目标，但是很少有人会想到寿命规划、百岁目标。人的寿命其实跟遗传，跟一代代人的生活方式都有很大的关系。人的生命中有些东西是生来如此的，正因如此，我们才更需要包容它们，想方设法接纳它们，因为这才是我们每一个人生命成长最真实的基础、最重要的背景。如果能够认识到这些，我们就会变得更有理性，而不会对一个生命的成长抱有某种不切实际的狂热期待。

成长通识公式：常理 + 常态 = 常识

如果有一天我要做一个简单的调查，我就调查今天的父母对孩子成长的普遍心理。实际上，我可以猜到，对孩子的成长感到焦虑的父母，占比肯定很大。而且在今天，父母的这种焦虑已经很直观了。很多父母也意识到了自己的焦虑，他们可能会想：我怎么才能做到不焦虑，但另一方面他们还会想：除了焦虑，我还能怎么做？这是一个大问题。

从人的成长角度来说，我会特别重视这几个词。

第一个词叫“常理”。人类成长的常理要求我们尊重一个人的成长过程中普遍的规律。人的成长有规律可循，背离了这种规律，就会有很多麻烦。比如，人的成长是需要父母的陪伴，需要家庭的温暖，需要得到足够的亲情支持的。儿童成长的重点其实也就在这里，我不断地跟大家强调，只有在正常的家庭里，你才能培养正常的孩子。你要遵循孩子成长的常理，你要跟孩子生活在一起，你要给孩子充足的爱，给他足够的鼓励，要表现出作为父母应有的耐心。这些不断强调的东西，在无数的人身上得到了证明，也被许多人称为“常识”。实际上，随着人类对儿童认识的深入，人们会越来越多地选择采用这样的“常识”帮助儿童成长。

第二个词叫“常态”。人的成长过程，是非常缓慢的。这就是人类成长的常态。在正常的家庭背景下，一个人终究会成长为他自己应有的样子。身为父母，你不需要过度焦虑，过于急切地盼望或者总是提“过高的要求”。你要遵循孩子成长的常态。一方面尽力地投入到孩子成长的建设之中；另一方面要耐心地等待孩子的成长，等待孩子一步一步地长大，等待孩子不断变化，等待他变得更像他自己。

虽然我们都知道有这样一个常态，但每一位父母对孩子的未来还是会有担心：担心控制不了他的未来，担心设计不了他的未来，担心自己的努力能否帮他达到更好的未来。让父母放空心态，等待孩子慢慢成长，真的很难，孩子的成长过程中稍有些波折、困难，稍微有些落后，父母都会焦虑、都会担心，担心这种不如意的状况，会成为孩子生命的特质，最后会让孩子成为失败者，处于很糟糕的境况中。

此外，我们担心无法掌控孩子的未来，无法掌控孩子的命运，这种担心其实跟我们自己成长中的各种遭遇有很大的关系。一个人如果他自己的成长比较顺利，如果他是在很正常的家庭生活状态下，一步一步地成长为自己的，他从生命经验里面获得了更多的援助，那么他看待孩子成长的时候就会更坦荡一些，这是一种情况。还有一种情况是，你对你的第一个孩子的成长特别焦虑，在面对第二个孩子的成长时，你的自信可能会更多一些。这种情况常见于过去有好多个孩子的传统家庭，父母逐渐对孩子的成长变得更坦然。其实，焦虑有时候跟经验的匮乏有关系，你如果已经在一个孩子身上验证了这孩子的成长没问题，这孩子有美好的未来，到了后面的孩子身上，你就会想着逻辑可能是大体一致的。

然而，今天很多人已经没办法这么验证了，也没有机会这样重复地培养孩子，并从中获得自信了。只生一个孩子，自然会特别焦虑。我以前也谈到过，再生一个的话，你的焦虑可能会好一些，生到第三个、第四个的时候，你已经是一个教育家了。这很重要，经验会让你对孩子成长的认识更加深刻。当然，经验可以来自自己培养孩子的过程中获得的某些认识，也可以来自阅读。通过阅读那些经典的著作或者那些成功育儿的案例，你可以看到人的成长处处是有规律可循的。

我经常也会把遵循这个常态称为“走正道”，说白了就是你要按常理培养孩子；你要有耐心；你要给予孩子更多的鼓励跟支持；你要跟孩子生活在一起；孩子出现困难的时候，你要帮助他；孩子出现错误的时候，你要及时地发现、耐心地纠正他——这样孩子就能处于一种更好的成长状态。对孩子而言，成长过程的良好心态很重要，我们不能让孩子自己不断地加深焦虑，更不能让他不断地把父母的焦虑转化成自己的焦虑，使自己的焦虑进一步升级，变得越来越严重。

一个是人成长的常理，一个是人成长的常态，也就是普遍的规律。所有这些加起来，也可以说是常识，但我们有时候对常识思考得比较少，我们太容易受到周围各种各样因素的影响，受到自己情绪的影响，受到自己生命经验的影响了。

从人性出发做孩子生命的研究者

我的一位朋友是小学老师，也是班主任。上周，他在微信朋友圈里发了一条动态，说他班上的孩子参加完运动会后还是要回到教室上课。我们知道，运动会对孩子来说，是一件很开心、很快乐的事，既能展现自己的体育才能，又是一个大派对。不管有没有运动才能，所有的孩子都会全情地投入。老师们也都会鼓励孩子积极参与、积极表现。那么问题来了，运动会过后，孩子特别兴奋，还能有心思回到教室学习吗？

那怎么办呢？有些老师就比较包容，比较理解这个情况，接下来上课时对孩子的要求也会放低一些。针对这件事情，我跟这位朋友讨论了一下。讨论的重点是，孩子调整的过程实际上是很慢的——你让他那么全情地投入，然后又要他很快地调整过来，那得是多么困难的一件事情啊。

杜威先生曾经说过一个观点，他说孩子要参与社会生活，但也不要过多地参与社会生活。因为过多的社会生活会扰乱孩子的心智，导致孩子很难安静下来，毕竟，孩子被扰乱之后，要恢复安静是很困难的。虽然体育本身可以激发孩子的生命热情，激发孩子的情感热度，但是你让他投入进去，然后又要他很快地收回来，这是有难度的。对此，成年人都做不到，更不要说孩子了。有时候我们听一场音乐会，可能都会激动好几天，看一场好电影，都会激动很久，是吧？这是人之常情。

所谓人之常情，说的就是人性本来的样子，人性本来的需求。对一个老师来说，你首先要理解人性，你不要认为此时你对孩子的管束好像效果变差了，或者说孩子怎么突然变得不听话了，其实，孩子并没有不听话，他只是需要调整罢了。当然他调整的时间会比你长一点，会比你期望的长一点，所以老师真的不要太急躁，也不要因自己的教育好像没有效果产生担忧，你要始终相信你对孩子的教育总是有效果的。孩子毕竟是孩子，他需要一个过程去慢慢调整。生命本身就有这样的一种节律，你不能违背这种内在的节律，你不能想当然地以为这就像开自来水一样——打开水龙头，就流水；关上水龙头，就完全没有水。人的教育要比开关自来水复杂得多。

有时候，我们身体疲劳，需要好几天才能恢复；情感过度宣泄，要调整回原来的状态，同样需要很久才行。你面对的是孩子，你要从孩子的角度、从人性的角度理解他，包括他的身体、他的情感。你要知道，人的身体恢复、情感调整、专注力方向的改变，这一切都是需要一个过程的。

我一直强调，我们要转换学生管理视角。原来我们管理学生更多的是建立在纪律、规则等约束上，现在我们管理学生要先建立在对人、对人性的理解上，然后再去看规则，再去看所谓的纪律。另外，过去我们的老师把比较多的时间与精力花在了课堂教学上，其实如果你不明白“人性”的这些特点，有时候你就弄不懂“为什么我教得没有效果”“为什么孩子突然不乖了、不听话了”，但是当你理解了人性以后，你就清楚了，你就知道不要一下子给孩子布置那么多作业，提那么高的要求，要先让他有个调整恢复的过程。比如我们可以不布置书面作业，只布置口头作业，或者跟孩子做做游戏，给孩子讲讲故事，让孩子的心态慢慢地改善——让孩子把心“收回来”。

我们有时候对把心“收回来”想得太简单了，总觉得好像能够一步到位，好像纪律严明，就能令行禁止，事实完全不是这样的。实际上，让孩子慢慢地调整，一步一步地调整，使孩子按照自己的身体节律逐步恢复，这样他反而不容易疲惫，不容易消极懈怠，也不容易因突然从一种兴奋的状态转到冷冰冰的严苛的学习之中而产生各种失望。

老师要做孩子生命的研究者。理解了孩子生命的需求，你的很多工作就能够做得更到位，你跟孩子的心就能够贴得更近，孩子从你这里也就能够得到更多的安慰、帮助和鼓舞，孩子就能成长得更好。

妈妈的角色：从“母亲角色”进入“引领角色”

许多年轻的妈妈不懂得如何做母亲，一个很重要的因素就是她还没有进入角色。

孩子的成长过程中，妈妈需要扮演两种角色，一个是母亲角色，一个是引领角色。母亲角色，要求妈妈尊重孩子的成长规律，尊重孩子成长过程中的那些规律性、普遍性的东西，明白所有的孩子都是这样成长的；引领角色，关系作为妈妈，你应该怎么对待你的孩子，即一个新的生命诞生了，你该怎么对待他？这里有一个角色转换的问题，需要妈妈进入引领角色，而进入角色其实是一个学习的过程，是身份得到升华的过程。

从“母亲角色”进入“引领角色”，妈妈就成了一位教师，成了一位引导者，成了一位非常具体的帮助者。在这个身份角色上，她需要学习，需要进行角色适应，需要修炼。

这里谈到的“学习”，指的不是向自己的老师学习，不是在学校里学习，而是在家族传承、在家庭内部学习。比如一个人小时候得到了自己母亲的爱，得到了自己家人的爱，在成长的过程中，他就自然而然地受到了熏陶，受到了感染，能够习得许多好习惯。他就可能把这样的爱、这样的情感，延续到自己的孩子身上。

有一些母亲虽然没有受过教育，但她确实做得很好。做得很好，实际上就有这两个角色的升级与转化。一个是能够意识到自己做了母亲，明白自己应该怎么理解孩子、怎么帮助孩子；另一个是能够意识到自己要成为引领者，自己需要从母亲身上或者从其他地方学习一些做母亲的常识，并以此作为引领孩子成长的依据。不少年轻的妈妈，大概还是比较缺乏这样的学习与转化的。

这样的妈妈对孩子的打骂是不经大脑思考的，几乎是习惯性的——只要孩子做得不对，就打就骂；孩子做对了，不表扬；孩子很安静，很乖，不鼓励。她们会觉得，孩子已经很安静、很乖了，自然就不需要再鼓励，不需要再加强，不需要再提高了。但是孩子只要稍微有一点点做得不对，她们就会批评，而且批评得特别严厉。我也提醒这样的妈妈，批评的声音小一点，责骂的声音小一点，孩子就不会那么吵了。而且很多妈妈完全没有意识到批评孩子要顾及场合，要顾及孩子的尊严，想批评孩子，就批评孩子，她自己觉得不对了，就批评孩子，甚至有些批评已经不是一般意义上的批评了，有些甚至是恐吓，是辱骂。这种习惯性的打骂，对孩子的成长是极为不利的。

有一种情况更为麻烦，那就是孩子很乖的时候你不跟他互动，不跟他交流，没有任何想要跟他在情感、言语、身体等方面进行分享、互动的意思。我将此叫作习惯性冷漠。这种习惯性冷漠在很多父母身上都有——下班回到家，一坐下来就是低头玩手机，就是跟别人聊天，该干什么干什么，该玩什么玩什么；孩子跟你说话，你冷淡且敷衍；孩子在旁边玩耍，你总嫌他吵："怎么这么吵，一边儿玩去，不要在我跟前。"殊不知，这种习惯性冷漠，对孩子的身心健康伤害性极大。

有人说这样的父母教养不够，但是简单地说教养不够，还是不行的。我觉得最重要的原因有两点。一是责任心不够，身为父母，没有真正地意识到作为父母最起码、最应该、最基本的责任，没有找准父母角色的定位。这种情况相当普遍，现在很多父母把心思都花在自己身上，花在自己的朋友身上，花在自己感兴趣的事情上。孩子成了家里被遗忘、被漠视、被嫌弃的那个人。孩子稍微吵一点，父母就很不耐烦。其实孩子吵也是很正常的，他需要跟你说话，需要跟你交流，需要被你看见，需要被你关怀。二是没有生命自觉，没有最基本的生命意识。有时候你不能简单地说是因为那些父母没有受过教育，其实他们就是缺乏对生命的最基本意识，所以才会习惯性打骂、习惯性冷漠。

除上述两点外，还有一个原因，也很现实。很多父母自己从小没受到鼓励，没受到肯定，没受到激励，所以习惯性地不会使用鼓励性的话语。教养的文化是会延续、会遗传的，我把它称为孩子成长的家庭子宫、文化子宫。你在这个文化子宫里没有受到过哺育，你对待自己的孩子时自然也没有这样的意识。你不知道这种鼓励、激励，是人的生命中最需要的一种动力。这导致你在对待孩子的时候，除了打骂，除了冷漠以外，就没有表扬的话语了。

也许我们真的要想一想，每天跟孩子在一起，我们对他说过多少表扬、鼓励的话，说过多少批评、指责的话？我们不妨做一个记录，我想记录结果肯定会让你大吃一惊。

父母教育失当，会造成孩子心理疾病

陕西的一位老师有一天问我，他说班上有一个男孩，上一年级，对上课毫无兴趣，上什么课都没兴趣，什么样的作业都不完成，老师怎么批评也没有效果，上课就是玩课本、玩笔盒、玩笔盒里面的尺子或者其他东西，整个人完全没有学习的状态。他问我遇到这样的学生该怎么办。确实，老师碰到这样的学生，经常会束手无策，能用到的教育手段都起不了效果。

我刚听完时，也觉得自己真是一点办法没有，但是我还是想了解孩子更详细一点的情况。于是，我就跟这个老师说，首先我们要排除一下，这个孩子有没有什么比如自闭症等方面的问题。这位老师告诉我，孩子倒是没这方面的问题，但平时孩子是跟爷爷生活在一起的，而且他的父母，特别是妈妈，一看到孩子的学习状况，就打骂孩子，慢慢地就把孩子打成了现在这个样子。

从孩子的成长来说，不能跟父母生活在一起，本身就是一个很大的麻烦。爷爷对他的教育基本上是无能为力的，没有任何教育手段可以帮助孙子的成长。

等到孩子正式上学之后，早期所有的教养问题就都逐渐地显露出来了。老师还反映了这个孩子一个情况，就是当你叫他或者走近他时，他都会表现出非常恐惧的样子。我说，这完全是他妈妈的打骂造成的。从孩子的这个反应，你可以想到他生活中的状况，尤其是他妈妈打骂他的情形，真是令人同情啊。

身处这样的成长环境，遇到这样的父母，真的是孩子命运中非常麻烦的一部分。而他的父母呢？说实在的，他们很少检讨自己这种教育方式的失当，有时候他们会想自己是怎么成长的，周围的人是怎么成长的，他们虽然能想到这些问题，但最后还是去找了别的原因。

确实有一些父母认识不到自己的教育失当、教育错误，结果造成了孩子成长最大的障碍，或者最大的不幸。如果父母能够认识到这些问题，孩子就不会有这么大的麻烦了。

后来这位老师说，他决定跟孩子的父母好好聊一下，请他们读一读《奶蜜盐》，读一读《父母改变，孩子改变》，看看有没有一些帮助。很多时候，我们也只能这样做，作为老师，你能够帮助孩子的可能也只有这些了。老师的能力总是很有限的，或者说他能够帮助孩子的方法总是很有限的。我们只能姑且先这么说，希望能有一些效果，除此之外我们还能怎么办呢？

还有一个朋友也因类似的问题向我咨询过。他说："一个初一的孩子，原来在小学时学习挺好，到了初一后孩子突然彻底崩溃了，他的父母特别不解。”我问他：“这个孩子现在的崩溃是什么状况呢？”他说：“就是不想上学，动不动就威胁父母说‘不想活了’，整个生活陷入了一种病态，或者说失态。”我跟这个朋友进行了深入的交谈，想了解一下这个孩子问题的源头在哪里。这个孩子从小是父母自己带的，但是家庭是三代同堂，家人在教育孩子的问题上经常有分歧，家庭关系也有些问题——在孩子面前，家里人总是吵成一团，产生各种各样的冲突。

开始他的家长也没觉得这些事情对孩子有多大的影响，因为在小学阶段，孩子的学习成绩都不错，没想到进入初中，进入青春期以后孩子就彻底失控了。其实家庭生活对孩子成长的影响，往往不是马上就能显现出来的，如果能立竿见影地显现，你可能就会意识到有些问题，意识到你不能这么做，你不能让孩子过这样的生活，你不能用这种方式对待孩子。然而，恰恰是因为不能立竿见影地显现，你反而会把很严重的问题看得很小，你会觉得孩子只要学习成绩正常，一切不正常的生活状态，包括家庭生活状态的不正常，就没有那么重要了。

这样的一种忽视，就是问题的症结所在。你不知道在孩子的心里早已经积压了很多垃圾，积压了很多不良的难以消化的痛苦。所以，到了青春期，他才会将一切彻底地爆发、宣泄出来。因为他没办法获得理解，或者没办法接受这样的生活状态。

现在，应该怎么尽快地找到一种解决的方法呢？孩子的这种状况最好有心理医生的介入，有时候可能还需要长期的心理辅导，才能有所改善，才能解决问题。可能有些父母会觉得找心理医生很麻烦，也害怕别人知道自己的孩子精神有问题。其实，人的精神如果有问题，是需要治疗的，是需要医生的帮助的。你可能是害怕这些事情，但难道你的面子比孩子的精神健康更重要，比孩子的生命更重要吗？面对孩子的问题，你首先要想到的应该是怎么去解决问题，怎么去帮助他，这才是正道。

什么样的“嗟来之食”可以吃？

现在我们的早餐是吃得比较好的，品种丰富多彩，也比较有营养。这样的生活，让我不禁联想起了我的童年。

童年的时候我印象最深的是什么呢？

我们邻居堂伯家家境殷实，他们家的长辈都在东南亚做生意，在最困难的时期，他们家里也有面粉、油，以及各种各样从南洋寄回来的食品，当然还有从南洋寄回来的汇款单——汇款单每次寄到都是一件非常隆重的事情，专门有人送到他们家里，而且收到后他们会大声喊叫，仿佛是在告诉大家，这就是幸福生活的样子。而那时，我们家特别贫穷。

堂伯家里有一个堂哥跟我是同龄人，有时候我会到堂伯家里玩，玩着玩着就忘了时间，赶上他们家里吃点心，或者是吃饭。看见人家吃点心，有时候我会站在那里多看一眼，别人叫我我都没反应。看别人吃好吃的，肯定会羡慕，肯定会嘴馋。可我的那个样子在我母亲眼里非常不好看，所以她经常会盯着我，会嘱咐我：“看见人家吃东西就赶快离开，赶快回家，不要站在那里，那个样子太丑了。”

母亲的耳提面命不是一次两次，而是经常这样，这后来就成了我生命中的一个律令、一种不能违反的原则——只要一看到别人吃东西，我就会赶快逃之夭夭，不管他吃什么，只要看到他在吃，我就必须赶快逃。

记得有一次我在另外一个堂伯家玩，他们家煮了我们福州特有的点心粉干。堂伯蛮喜欢我的，就邀我一起吃一碗粉干。他们邀请得非常热情，我拒绝得非常坚决，他们反复邀请，我反复拒绝。场面非常尴尬。

我现在还记得那种滋味有多痛苦。今天一个孩子看别人吃东西一副很嘴馋的样子，你不会对他评价太负面，你可能会对他说“你也来尝一下吧”，有时候有一些馋嘴的孩子甚至会直接说“这看上去很好吃，让我也吃一点吧”，如果被别人拒绝了，他可能还会说“这么小气，以后我的东西也不给你吃了”。但是那时候，那个贫困的童年时期，在我的记忆中，最怕的就是被人看不起，被人说贪吃鬼、馋嘴。馋嘴的家伙很糟糕，父母会觉得特别没面子。其实这也是一种穷人思维，越贫困，就越害怕别人说你贫困，说你没志气，说你没骨气。

我记得还有一件事情也让我特别难堪。正月初一的时候，我跟我同龄的堂哥一起去外面玩，后来我们就去了他家。当时我真的挺饿，他就舀了一碗粉干给我。我可能是觉得正月初一大过年的，母亲的律令、戒律也许会放松一点，而且那会儿她也不在家，应该没什么问题，所以我就端起那碗粉干吃了起来。但不幸的是，就在快要吃完的时候，我母亲回来了，她从门口经过瞥了我一眼，勃然大怒，然后就把我叫了回去。回到家我就号啕大哭，我知道我要倒霉了，我母亲要收拾我了。

记得当时她骂了我一句，这句话对我打击特别大，好久以后回想起来都让我觉得很痛苦。她骂我说：“你真是一个乞丐命。”

我们小时候认为，正月初一骂人的话都会变成真的。我奶奶就经常说正月初一不能说脏话，正月初一要带张草纸，说脏话了就自己擦擦嘴。正因如此，我母亲的诅咒——“你真是一个乞丐命”，对我的打击特别大，从此以后我再也不敢到别人家里吃东西了，绝对不敢，打死也不敢。哪怕是她不在场，谁都不在场，我也不敢。

我后来经常感慨，因为我发现不是我一个人这样，天底下贫穷的家庭要想培养有志气的孩子，都会用这样的方式来教育。后来我经常会对我的同龄人，对一些更年轻的人说，人家送你水果，要你吃，如果你想吃，你就赶快接过来表示感谢，不要拒绝，不要说我不吃，不要说这个原因、那个原因。真的，这些“原因”里面都有童年的阴影。

从现在开始，改变心态，改变与人交往的方式，更诚恳地对待自己的真实感受，调整自己，把自己变得更从容一点、更自然一点、更尊重自己的人性一点。

母亲是孩子安全感最核心的来源

在我的教育讲座之中，我经常提到“安全感”这个概念。谈到亲子关系、谈到一个人的精神成长、谈到一个人遇到的各种各样的人生难题的时候，“安全感”最常被提及。

那么安全感到底意味着什么呢？在我的理解里，一个人最为核心的安全感一定来自母亲。毕竟这个生命孕育自母亲的子宫中，这个生命曾完全被母亲的身体包裹，这个生命在初始阶段所有的一切都是由母亲来供给的。可想而知，母亲对孩子来说是多么重要，可以说母亲的存在就是孩子生命存在的基础。

母亲的情绪状况、身体状况都会对一个儿童的成长产生极为重要的影响，可以说母亲就是一个孩子命运最为重要的保障。

孩子出生之后，他最为强烈的依恋，其实就是对母亲的。一个孩子无论是在哭闹，还是在其他不正常的情绪里面，只要一看到母亲，一投入母亲的怀抱，甚至一听到母亲的声音，他的情绪就会有很大的改观。

我们以前经常说孩子跟妈妈亲，其实不仅是亲不亲的问题，还是因为妈妈的存在就意味着孩子整个身心有了安全感。

任何一个儿童，在生命的早期都是离不开母亲的，只有跟母亲在一起，孩子之后才能建立起正常的依恋关系。

所谓正常的依恋，就是母亲可以给他提供有助于他心理及身体成长的积极的支持，母亲的存在能够让他自然而然地产生一种安全感，产生诸如宁静、甜蜜、愉快这样的积极的情绪。这种正常的依恋是天底下所有的母亲都能做到的，也是天底下所有的孩子都需要的，是不能被抽离、不能被漠视的。这种需要如果得到了正向的满足，将有助于孩子整个身心的健康发展。

说到安全感，我们一定会最先想到母亲。

有充足安全感的人，他跟母亲之间的这种亲密关系会让其终生眷恋，他会不断地想到母亲、关心母亲，对母亲怀着一种深深的情谊；遇到各种各样的痛苦、各种各样的不愉快、各种各样的难解的问题时，他首先会找母亲诉说，情绪不佳时，他最早倾诉对象可能也是母亲。母亲的存在就意味着安全感，意味着一个人生命最重要的基地，意味着一个人生命发展的起始点——无论他走多远，只要他目光往回看，首先看到的就是母亲。

所以对孩子而言，母亲的存在，就是孩子生命存在最重要的保障，甚至是其精神上最重要的援助。

就母亲跟孩子之间的这种情感关联而言，如果母亲总是积极地、主动地呵护孩子、鼓励孩子、肯定孩子、接纳孩子，这一切实际上就构成了我们经常说的亲子关系中“正常、健康、积极”的依恋关系。如果母亲不是从内心接纳孩子，不是由衷地去呵护、去关爱孩子，那么这个母亲跟孩子之间就会产生各种各样的问题。比如母亲不跟孩子生活在一起，母亲总是回避跟孩子有身体的、情感的互动，甚至连亲昵的动作都没有，这样的亲子关系一定会很紧张。

殊不知，一个孩子从小就能从身体跟心灵的认知上感知到母亲跟他的疏远。还有一些母亲，由于种种原因，在孩子很小的时候就嫌弃他、漠视他，甚至对孩子有攻击性的言行，这对一个孩子来说，真的是一件极其困扰的事，可能他终生都想不明白，终生都会非常矛盾、纠结，甚至这会影响到他跟所有人的关系。

母亲跟孩子的关系就是孩子跟他人的关系的母本。如果母亲与孩子的关系处理不好，这个孩子的成长就会遇到麻烦。

我的一个朋友今年五十几岁了，跟我谈起他的母亲时，他都特别痛苦，他对自己母亲的描述，我听后真的很难过。

他说他母亲的存在就是为了不让他获得幸福，他觉得他母亲好像总是害怕他太幸福了，她总是干预他的婚姻，干预他的事业，干预他个人的一些追求。

我就问他他的母亲为什么会这样，正常的母亲都不会这样。一问才知道，他的母亲跟父亲的关系很糟糕，有时候母亲找不到其他的宣泄或者解决方式时，就会把这种敌意、仇恨宣泄到自己的儿子身上。这一切造成了他一生的痛苦。虽然他事业上非常成功，但他却一直说没有幸福感，五十几岁了也未结婚，每次恋爱都以失败告终，而且每次都非常痛苦、非常纠结。

所以说到安全感，首先就要先从母亲这里说起，只有这样，我们才能真正地理解人性，更好地理解孩子的成长。

养育事实和教育观念可能不一致

要仔细分析家庭教育，我认为首先要把它放在生命关系里去。在我看来，家庭教育中最根本的关系还是生命关系，家庭教育的核心是生命教育。这个生命教育可以从两个方面理解：一方面是对生命本身的理解，另外一方面是对各种生命关系的理解。要解决家庭教育中的难题，要从根本上解决，要建立在理解生命的基础上，缺乏对生命的理解，单纯考虑具体的方法，容易忽视一些隐藏的差异。比如，你教育孩子很成功，这是事实，但是从这个事实中总结出来的一些育儿观念，其他人有可能是不能用的。有时候，事实跟观点并不一致。有些父母是做得很成功，他们的很多经验也被人总结成了观点，但这些观点是不是对所有人都合适呢？这些观点是不是真的有价值呢？这些观点是不是违背教育理念呢？这是很值得思考的。

比如，感动无数人的电影《摔跤吧，爸爸》，这个电影很多人都推荐我去看。但看完之后，我没有像他们说的那样感动得热泪盈眶，而是更多地以批判的眼光看待它。因为这个电影，恰恰说明了事实跟观点是两件事。这个事实就是爸爸通过一系列努力，让孩子成功了——在一个特殊的家庭里，在各种因素、机缘，甚至某种命运感的作用下，这个爸爸对孩子的教育获得了成功。但是，我想说，他的观点不一定是正确的，他的生命观不一定是正确的，甚至他的人才观也是有争议的。看完之后我最大的感触是：这真的像一部给我们中国人拍的电影，我们今天特别需要这种励志鸡汤。

而励志背后的家庭教育问题，是不是也被感动的眼泪遮蔽了呢？

家庭教育的实质是生命教育，对一个生命本身而言，你怎么了解它，怎么帮助它，怎么尊重它，怎么成全它，这才是家庭教育最为重要的。就是说家庭教育的重要性是要建立在具体的个人之上的，建立在对生命本身的理解之上的，建立在对生命本身的敬畏之上的。这样的生命教育才可能是我们可以称之为“最不坏”的教育。这样的生命教育才是最有弹性、最有张力、最符合人性的教育。

按照这样的立场，对于孩子的教育，我们首先应该思考：人身上的哪些东西是天生的？哪些东西是后天养成的？区分清楚什么叫生来如此，什么叫后天长成，这一点非常重要。

童年苦读的孩子容易产生厌学症

我曾经读过历史学家黄仁宇的《万历十五年》，给我留下的印象很深。万历皇帝在历史上是一个很特殊的人物。万历从四岁开始，就在老师严厉的要求和母亲的苛责下，苦读诗书。后来万历皇帝登上皇位之后，有二十八年的时间躲在深宫里，从不上朝——书中谈了一个观点，说明朝江山最后被断送，万历是有罪责的。

作者还谈到，童年苦读的人有很多在成年之后对学业是非常厌恶的，避之唯恐不及。这种过度的学习、过于严苛的要求、过高的期待，往往会造成精神的一种摧残，或者可以称之为精神的一种残疾。

这个问题实际上有很多教育学家、心理学家、人类学家都探讨过。你可能不相信，你也可以举出很多反面的例子——小时候勤奋，长大后很成器的人也有。但是从大脑损伤的角度来说，今天的脑神经科学已经发现，四岁左右，人完全还是幼年，这个时候就过度学习，会给大脑造成不小的伤害。而且这个伤害是很难修复的。同时，过度学习会导致孩子产生对学习的恐惧感，严重的话会影响到孩子的一生。这个问题是值得重视的。培养孩子，帮助孩子成长，有一条就是要回到童年去理解孩子，回到生命本来的状态，基于那个年龄的特殊需求去理解他，也就是，让儿童保持他童真的状态，保持他前路未知的这种生命的状态。

而过早地把压力、恐惧、紧张都加在孩子身上，会导致孩子的睡眠严重不足，导致孩子完全没有童年的乐趣，没有童年的游戏，没有童年的伙伴，没有童年的哭闹，没有童年的撒娇，没有童年的各种各样的或有趣或捣蛋的行为，实际上这对人的成长是很不好的。早熟有可能就意味着早衰，过早地生活在各种压力之中，会使孩子的大脑机制变得畸形，会使孩子的灵动性、孩子自主自发的生命热情受到很大的抑制。

我的一位大学同学，也是我的合作者——美国纽约州立大学教育心理学教授戴耘，曾经跟我探讨过这个问题。他说他带过很多中国的博士生，他发现中国的博士生跟其他国家的博士生有很大的区别。他觉得中国博士生的学习热情，跟其他国家的博士生相比，好像没那么强。他在中国做了很长时间的教育研究，后来他有了一个这样的思考，他认为孩子成长早期过度的学习，其特点无非就是延长学习时间，压缩睡眠时间，生活毫无乐趣，目标非常单一，所有的一切都是为了更好的考试成绩，这样的过度学习，对孩子后期的成长往往有着重大的损害。

戴耘把这一现象称为“学业枯竭现象”，简单地说就是早期的过多投入会导致后续的学业枯竭。这种学业枯竭有身体的、心灵的因素。在重压下，孩子发自内心地想要躲闪、逃避，对学习的热情几乎完全枯竭，对生命的热情几乎完全丧失。而且孩子大量的时间都沉溺在学业之中，跟大自然亲近、参加户外活动、与小伙伴游戏的时间都非常缺乏，长此以往，甚至即使有了时间，孩子也丧失了热情，再加上身体的各种损伤，比如刚才提到的大脑损伤，身体的、心灵的因素共同作用，孩子的未来发展肯定就比较麻烦了。

应试教育只会造就应试教育的成功者，我们今天看到的可能更多的是应试教育的成功者，而应试教育的成功者是否能够真正成为学业的成功者，成为创造力跟想象力的成功者，成为人生的赢家，这是一个很值得讨论的问题。从某一个个体来说，你有时候很难证明这一点，但是从一个时代的坐标轴中，你能发现很多问题其实早就已经在那里了。为什么我们培养不了大师？其实，在如此急功近利的培养方式下，不要说培养不了大师，就连培养更正常的人，培养更有生活热情的人，培养更快乐的人，培养更从容、内心更坚定的人，有时候都是很困难的。

只有在正常的、健康的、积极的生活之中，才能培养出更健全的生命，这是一个常识。

身体、性格和习惯“三好”，才是培养孩子的正道

曾有一个朋友问我，能不能写一本育儿的书，讲一讲我教育自己的孩子、培养自己的孩子的故事。他大概觉得我培养自己的孩子比较成功，其实这完全是一种错觉，我从来没有类似的这种成功的感觉。实际上，我对孩子的教育，或者说我对孩子生命的理解，在我出版的书里面都已经有所体现。

我从来没有想到过，自己是不是在教育孩子方面已经做得比较成功了。其实即使今天回过头去看孩子的成长，我还是时常会有一种很心痛的感觉。我的孩子从很小开始就体弱多病，我回忆中印象最深的往往都是她小时候那种特别可怜的形象：她非常瘦，非常容易生病，每次生病都特别痛苦，每次生病的时间都特别长，间隔又特别短，我们频繁地跟医院、跟医生打交道。

后来我为什么这么重视体育，为什么这么强调身体健康的重要性，其实也是因为我从自己孩子身上得到了最为深刻的体会。没有一个良好

的身体，一切都无从说起：没有一个良好的身体，你甚至很难有比较健康的精神状态、比较乐观的生活态度，很难有能力去应对生活中各种各样的困难与挑战。

今天想到我的孩子，有三个方面，令我感到非常欣慰。

第一个方面是孩子的身体很强健，她很热爱运动，一直保持着健身的良好习惯，健身已经成为她生活中最重要的一部分。

第二个方面是孩子的性格不错，她特别乐于跟人交往，也有比较好的共情力。小时候因为多病，她的脾气不是很好，但是我们也不着急，我们相信她能够自我调整、自我改善。事实也是如此，现在的她比较善于跟人交往，拥有不错的交往能力、理解力，当然，这种能力在之后也会成为她生活幸福的重要依托。

第三个方面是孩子的成长特别自然，完全不着急、不焦虑，稳扎稳打，一步一步地朝着她自己的人生方向去发展。她跟我们之间一直保持着良好的关系，特别亲密，我们的相处很自然、很自如。孩子不会过分地眷念我们、不会过分地恋家，或者说不会对父母过分地依赖。这一点我觉得很好，这种正常的依恋，也是她长大之后跟其他人建立良好关系的一种基础。在孩子学业成长方面，我在书里经常谈到她的一些事，或者在其他的例子中谈到我对孩子学业的理解与感悟。

孩子都是各不相同的，每一个孩子都是很复杂的。每一个孩子都有自己的一些特点，他有可能不适应学校，他有可能在学习方面既有长处也有短板，也有可能某些短板是挺难改变的。有时候其实也可以这么说，你越是理解一个孩子，你就越不会勉强他。你会更耐心地或者说充满期待、充满祝福地等着他去发展自己——甚至直到现在，我都还不知道我女儿今后会朝着什么样的方向去发展。她曾经写了几本小说，隔了这么多年，她会不会重新拿起笔，又成为一位小说家呢？对此，我也真不清楚，但是我知道她对在大学里教书，成为一个做学问、做研究的人，似乎不是太有兴趣。

她多次谈到过她不想做这样的研究者，那么她想做什么呢？其实她也没有跟我们明确而具体地说过，所以这个话题我们也就没有更深入地去谈。当然最重要的一点就是我们并不着急，生命自有它自己的样子，作为父母，你的责任尽到了，这个孩子最后会发展成什么样，真的就只是孩子自己的事情了。

我经常谈到，一个孩子如果身体好、性格好、习惯好，这样的孩子总是会更受人欢迎的。这样的孩子会活得更快乐，也会更容易找到自己的幸福。我挺高兴我的孩子就是这样的一个孩子。

实际上，你对孩子的期待重点也应该就是在这里，重点一定不要是时时想着要胜人一筹，要出人头地，要光宗耀祖——我对我孩子的期待从不是这些，我所想的就只是孩子能感到很快乐，孩子能过得很幸福，孩子的身体能保持健康，孩子能与人相处得很友善，孩子能有不错的共情力，孩子能处理自己生活中各种各样的问题，孩子能变得更自信、更自如、更快乐。想想看，这是多么美好的一件事！

“妈妈太能干会养出懒孩子”，是真的吗？

我曾看到一位国内挺有名的家庭教育专家的一个视频。这个视频讲的是大家都熟悉的一个观点，就是太勤快的妈妈往往会培养出非常懒惰的孩子。大家是不是经常听到这一类话？

从这类话里面就延伸出，要想小孩子勤快，妈妈需要变得更懒，以及“妈妈要示弱，孩子才能更强；妈妈要变笨，孩子才能更聪明”等这样的一种观点。这个观点确实是从现实中的很多案例里面归纳出来的。在现实中，确实有不少过于勤快的妈妈，把孩子所有的事情都给包办了，孩子衣来伸手、饭来张口，从小就养成了懒惰的习惯，然后大家就认为这样的孩子实际是妈妈造就的。但是对于这个观点，是不是有另一方面的不同看法呢？或者说，由这个案例就真的能得出是因为妈妈太勤快了，所以孩子才变懒吗？这很值得思考。

在教育里面，确实有很多这种案例，或者说经验性的事例，但是由此能不能得出一种普遍性的观点或者理念，这是我们要经常思考的。比如说，我们马上就可以举个反例，就是妈妈非常勤快，孩子也很勤快；妈妈很强，孩子更强；妈妈很聪明，孩子更聪明。是不是这一类案例更多？从我的角度来说，我小时候家境贫寒，但是我母亲总是让我们保持衣着整洁，也很注重我们的卫生，我真的是从小就养成了讲究卫生的习惯。这也是一种观点，就是妈妈越勤快，孩子也越勤快；妈妈越整洁，孩子也越整洁。

有很多这一类的经验之谈，它更需要去分析。比如说，很勤快的妈妈，为什么没有培养出勤快的孩子？其实，问题不在于她是否勤快本身，问题在于她的勤快可能不具有教育性，这个教育性体现在她的勤快需要言传身教，身教意味着她的劳动本身要具有示范作用，而言传则意味着要让孩子理解这样劳动的意义，比如说理解整洁的意义，理解勤劳的意义，理解自己亲力亲为、承担责任的意义——这些都需要母亲进行言传。也就是说，你要跟孩子讲这个道理，要细致地跟孩子讲你劳动的道理，讲你勤劳的道理，讲你整洁的道理。这个道理是需要传递的，这个道理实际上有助于孩子良好习惯的养成。

这个良好习惯里面包括他要亲自动手，他要承担自己的责任，他要从小就开始，就是说他的能力到哪里，他的劳动就要跟进到哪里，就要把承担自己的责任变成他最为重要的习惯。

当然还有一点，作为妈妈，对于孩子的劳动，开始的时候最重要的不是评价劳动的成果，而是评价劳动的态度、劳动的过程。你要先肯定他的劳动，劳动就是成长最重要的一个表现，在这样不断鼓励的基础上，他才能有更好的劳动成果、更强的劳动意识，最后形成劳动的能力跟劳动的自觉。

妈妈太勤劳，把孩子培养得很懒散，实际上这里面有一个大的问题，就是妈妈剥夺了孩子成长的机会。妈妈替孩子包办了一切，看上去孩子好像有了更多的学习时间，可以把更多的时间花在课业上，或者妈妈特别心疼孩子，把孩子的任务都完成了，孩子就不用再操别的心，其实，这都可能构成对孩子成长的剥夺。因为所有人的成长都是需要时间，都是需要觉悟，都是需要整个生命的投入的。人的成长是长期实践的成果，人在发展自己的过程中，需要不断地学习、不断地尝试、不断地折腾，然后形成劳动的意识、劳动的习惯、劳动的能力，以及劳动的喜悦。

妈妈把孩子的这些体验都剥夺了，最后还得了一个很不好的名声。为什么孩子这么懒散？为什么孩子这么没有卫生意识？这都是因为妈妈太勤劳了，这样妈妈的劳动便没有价值了。言传身教，实际上是很好的示范。在孩子的成长过程中，需要跟孩子讲道理，需要不断强化孩子的理解力。当这个理解力转化成孩子的自觉意识，转化成孩子生活的一种习惯时，孩子才可以说是真正成长了，妈妈的行为才真正具有了教育性，具有了教育的价值。这样，妈妈所有的付出，才能真正成为对孩子成长最好的促进。

为什么我的孩子这么在意与同学的关系？

有一位妈妈向我咨询，说她的孩子读初一，她发现孩子到了初中之后有一些变化，比如特别在意跟同学之间的交往，特别在意其中一位同学跟他的关系——在学习上，他与那位同学是竞争对手，竞争得很激烈，你追我赶，另一方面两人的关系还不错，就是有时候会闹一些小别扭。她的孩子非常在意跟那位同学的关系，有时候跟那位同学闹得不愉快了，就会跟她说。她觉得很奇怪，就跟她的孩子说："如果他不想跟你玩，你不跟他玩不就得了，还有这么多同学可以玩。"但是她的孩子就是要跟那位同学玩，就喜欢跟那位同学玩，所以孩子有时候会因跟那位同学闹别扭而感到很苦恼。这位妈妈觉得孩子不应该把同学的感情看得太重，然后就问我："你是怎么看的？"

说实在的，孩子进了初中以后，尤其是从青春期开始，都会特别在意跟同学的友情，其实这种在意的背后，还是希望自己能被认可。比如说班级有一些小团体，或者班级有某些拥有共同话题的朋友，他总是希望自己能融进去，希望能成为其中的一员，这是孩子社会化的一个重要方面。也可以说，到初中以后，他更在意的是同学对他的评价、同学对他的认可、同学对他的接纳，所以有些同学的话比妈妈、比老师的话都要重要。

作为父母，千万不要小看这件事情。我曾在一期“文质说”里面谈到过一位朋友，他的孩子就因为在学校里面不受同学认可，最后转学了，那是一个初一的孩子；我还谈到过另外一个女孩的问题，这个女孩初中上的是寄宿学校，她对学校不适应，跟同学相处也不太适应，最后提出了休学。

实际上，父母有时候都不太能理解孩子，总觉得孩子娇气，总觉得孩子过分看重的不是学业，而是跟同学的情感。但我想说，如果父母只是从自己的经验角度来分析问题，有时候会得出一些错误的结论。

所以父母需要了解孩子的成长规律。如果你对儿童的成长规律没有基本的了解，你凭什么理解你跟他的对话？你凭什么对他的行为做出判断？你凭什么能够帮助他？你又该怎么帮助他？帮助一定是建立在对生命最基本的常识的理解之上的。

孩子的成长是有规律的，掌握了这个规律，你对他的行为就能够做出判断，对他成长中出现的问题就能够进行引导，这样你才可以说成了真正的父母，成了专业的父母、导师型的父母，才能够对孩子的成长有真实的帮助。所以，孩子成长，父母更需要成长；孩子改变，父母更应该改变。

孩子的作业，父母到底要不要帮？

新的学期开始以后，教育部制定了一些新的指导方针，其中有一条是中小学不得要求家长检查、批改学生的作业。任课老师要对学生的作业负责，认真批改所有学生的作业，不能将检查作业这项工作转嫁给家庭。

其实，很多家长对学校的要求是有怨言的，在网络上，经常会看到有家长吐槽，说很多作业的检查、批改工作都交给了家长，那老师还做什么呢？我的一个朋友也向我吐槽，说他孩子的学校要求家长收看家庭教育视频，我问他这个视频多长时间，他说每晚看十分钟，我当时听了很惊讶——十分钟家长就受不了了。虽然家长有家长的工作，但是从我的角度来说，作为家长，要成为更好的父母，如果这个课程不错，那么每天看十分钟还是有意义的，而且也不会占用太多时间。

我的朋友说，还有另外一件事情，就是孩子在读一二年级的时候，每次做作业家长都要在边上督促孩子、帮助孩子，作业做完之后家长还要检查。每天晚上孩子做作业的时候，家长都不得闲，都需要很专注地陪伴孩子。实际上，我觉得这是很有必要的，有些家长本身受过很好的教育，有能力支持、帮助孩子学习，而且对孩子的成长来说，家长是有责任帮助孩子的。

虽然我这个朋友工作很繁忙，但在家庭里面，他每天晚上都会很尽责地陪着孩子完成作业。和他交流的时候，我谈到，孩子在低年级的时候，家长耐心地关心、帮助、指导、督促，有时候还要帮孩子代劳一些很琐碎的事情，其实也都很有必要。尤其是在孩子学习的起始阶段，最重要的任务是养成良好的学习习惯，这就要求他要把主要的时间花在学习习惯的培养上。孩子能够专注、准时、及时地完成作业，这一习惯的养成，不仅对孩子的学习有帮助，也是孩子成长为一个社会人必经的途径。说实话，作为父母，晚上更多的时间应该是在家里陪伴孩子。因此，辅导孩子完成作业，可以说是父母教育子女最有效的方式。我所说的教育并不是指言语上的管教，而是通过有效陪伴的方式，让孩子形成自己的学习意识和学习责任感。在这一点上，家长的投入对孩子的成长一定是非常有帮助的。对绝大多数家庭而言，这是孩子成长的不二法门。

有一位老师跟我聊到他自己孩子做作业的情况，说有一些很琐碎的作业孩子根本完不成。他问我，大人能不能帮孩子代劳作业。说实话，我以前也曾帮我的孩子代劳过。有一些作业确实太复杂了，要求太多了，孩子根本完不成，但是不完成就会受到老师的批评，所以很多作业都是父母帮孩子做的。

有一次，我去湖南讲课，和一位市教育局局长聊了起来。他说他以前也经常帮孩子做作业，甚至一直帮到孩子小学毕业，但孩子后来成长得也很好，小学帮孩子做作业并没有对孩子的以后造成什么影响，反倒是学习习惯的培养对孩子以后的影响很大。学习兴趣更是对孩子的成长起着决定性的影响。

回到教育部提出来的“中小学不得给家长布置或变相布置作业，不得要求家长检查、批改作业”，其实这也算是在给家长减负。教育部的很多要求都很具体，但我们还是需要细化一下，比如说尽管要求是针对中小学学校提出的，但侧重点还是在中学。大家知道，孩子到了初中以后，有一些作业家长已经做不了了；孩子到高中，作业家长更是做不了。而小学阶段又分低年级、中年级、高年级，虽然教育部对低年级（一、二年级）已另外发文要求不能给学生布置书面家庭作业，但由于学生学习状况、学习环境的差异，这些政策文件要想落实到位，其实是有难度的。对很多家庭来说，还是需要有自己的思考的。我觉得，要想对孩子的学习、成长起到有益影响，更为重要的就是夫妻之间要尽可能地做一些合理分工，要有一个人更多地陪伴孩子、更多地督促孩子、更有效地帮助孩子。

2
奶蜜盐
好父母帮助孩子精神成人

第6章 未来教育：把孩子带向远方

孩子的人生路要靠他自己走，

但孩子的人生路从来不是一个人走走就行的，

他需要你帮忙。

父母给孩子什么样的期许，

会对孩子形成什么样的人生信念产生最为重要的影响。

所有父母都要把自己的孩子带往“远方”

我的一个徒弟前一阵子暑期的时候回了老家，他原来在一个乡镇上教书，后来离开了那个乡镇，来到了深圳。暑期回去，他碰到了很多原来的学生，直观地看到了这些学生的情况，他发现每个学生的变化都很大。

总体来说，他发现原来那些学业上比较困难，没有考上大学的学生，现在的生活都不是很好，大部分都在小镇上做小商小贩，或者在不怎么样的公司里做个打工仔，他们的精神状况比较颓废，很喜欢聚会，喜欢吃吃喝喝、烧烤、打麻将、喝酒、吹牛，时常会羡慕有钱人，当然羡慕归羡慕，他们也知道自己赚不了什么钱。

现在社会上大家都说分层了，那为什么会出现分层呢？产生分层的原因有很多，比如出生的环境，比如是否有个好父母，比如父母的财富、父母的社会地位，这些因素都会影响到孩子后来的发展，导致社会分层的出现。

还有一个更普遍、更常见的导致分层出现的原因，就是父母对子女的教育投入。比如，同样处于社会中下层的家庭，对自己的孩子有没有期许，是不是经常鼓励？

在孩子学业成长的过程中，整个家庭都是非常强有力的支持者。大家都在拔河，不是只有一个人在拔河，而是整个家族都在帮助孩子拔河，在普遍看不到希望，或者普遍感受到各种各样的生存压力的时候，父母对孩子的投入是起决定性作用的。

我说的投入首先是体力上的投入、情感上的投入——跟孩子生活在一起，给孩子安全感，给孩子信心，给孩子人生的方向指引。还有另外一种投入，更为重要，就是对孩子抱有怎样的期待。实际上在其他投入相同的情形下，父母给孩子什么样的期许，会对孩子形成什么样的人生信念产生最为重要的影响。在这个话题上，我经常说，我很感恩我的母亲——我的文盲妈妈！

在我很小的时候整个教育都很凋敝，大家看不到社会的前途——好像接受或不接受教育在生活中并没有太大的不同，但是我的母亲反反复复地跟我强调"你要做一个读书人"，她觉得我人生的意义就在读书上。她说的读书就是"知识改变命运"，她觉得我身体瘦小，可能干不了农活，在我们的乡村又没有什么土地，我人生的方向是在远方。说实在的，从学业的角度来说，那个时候我跟我同学的学业情况都不是很好，但是我对自己的这个不好经常有一种羞愧感，毕竟有个标杆在那里——"你要做一个读书人"。另外，我的内心总有一种渴望，就是我希望自己能够成为读书人。后来，高考恢复了，我觉得我母亲说的“你要做一个读书人”的可能性到来了。于是，我顶着压力，朝着奋斗目标努力着。我母亲经常叮咛我，要做一个有志气的人，要有上进心，不斤斤计较，目光要看得更远，也就是说心中要有远方。

我在想，虽然她跟我说的话不多，但不多不要紧，她的那些话经过反复强调，已经转化成了我的自觉，转化成了我的意识——一种不断地被她强化的意识。她的这种叮嘱，其实也是她的期许，也是她的信念，也是她的寄托。

每一个人都希望能够成为父母心目中优秀的人，成为父母心目中所期待的人。所以父母的责任，恰恰也就体现在这里了。

你对孩子的提醒，你对孩子的鼓励，你对孩子的支持，方向在哪里呢？你有没有尽到这样的责任，或者你是不是经常自己去烧烤、喝酒、吹大牛，对孩子漠不关心，孩子处于什么状态都行，对此你都觉得无所谓？

孩子的人生路要靠他自己去走，这一点没有错，但你要知道，孩子的人生路从来都不是他自己一个人走走就行的，孩子的人生路是需要别人帮忙的，有时候别人的促进、别人的鞭策，比什么都重要。

一个人在少年时代、青年时代刚刚上路，哪里知道自己要去往何处呢？从学业来说，每一个人都会遇到困难、遇到挑战、遇到挫折，这个时候作为父母的你在哪里呢？

如果在孩子最需要支持的时候，你总不在身边，如果在孩子最需要鼓励的时候，你总是一阵狂殴、诅咒或谩骂，那么孩子的很多梦想就会因此破灭。

贫穷是会传导的，它不光通过经济的方式进行传导，精神的破灭、信念的破灭、意志的丧失更是贫穷传导最常见的途径。

孩子上一年级了，父母应该怎么做?

“孩子上一年级了，父母应该做什么？”我的回答是：孩子上学，家长也应该上学。当然孩子上学跟家长上学读的书是不一样的。

那么，家长应该读什么书呢？我觉得家长应该读这“三本书”：

第一本书：根据孩子上学的情况，家长要关心孩子，要研究孩子，要针对孩子成长的各种问题去思考，要成为思考者，成为观察者，成为问题的解决者。

第二本书：家长要关心儿童成长的规律，要做儿童的研究者，这个做儿童的研究者不是孩子上学以后才开始的，应该是有了孩子以后，你就需要研究生命的问题，研究生命的规律。

当然，孩子上学以后，你的这个研究可能跟孩子没上学之前会不一样，因为孩子上学以后你会有更多的紧迫感，你会有更多的具体问题要研究。

我自己也有这样的体会，孩子没上学之前，我不太会关注孩子学习中出现的一些问题，比如跟同学的交往、跟老师的交往的问题——毕竟问题的出现是有一定的情境的，孩子还没上学，这些问题自然不会在我的关注范围之内。等孩子上学以后出现了这些问题时，我又发现这些问题其实跟她成长早期的问题是有关联的。

作为父母，你总要读几本关于生命科学、关于儿童成长的专业书籍。这样的阅读会帮助你解决问题，更重要的是在了解生命规律的基础上解决问题，而不是仅仅靠经验，仅仅靠道听途说，这样你就不容易受到各种各样的焦虑的影响和困扰。

第三本书：要读一些涉及人际交流的书，尤其是涉及跟老师的交流、跟学校的交流，跟学校的合作、跟老师的合作的书，这一点很重要。教育孩子的过程中，要有一种主动性，主动跟老师沟通，主动跟老师讨论孩子成长的问题。一旦发现孩子出现了一些问题，及时和老师沟通，在跟老师的讨论过程中你会得到更多专业的援助。

孩子上一年级了，父母应该具体做什么呢？我认为，主要有三件事。

第一件事：做孩子的老师。

孩子上学，家长也应该上学。这就意味着通过努力，你也可以做孩子的老师，也就是我们经常说的“父母是孩子的第一任老师”。在孩子上一年级以后，“第一任老师”意味着什么呢？意味着对孩子的成长，你有自己的见解；在孩子的成长出现问题的时候，你能及时地帮助孩子；通过跟学校的交流合作，包括参与学校的活动，给孩子做一个好的榜样，引领孩子树立起成长的强大信念。

第二件事：做孩子的同学。

这里的“同学”指的是你跟孩子是学习的共同体，孩子出现问题时，你可以更多地跟孩子讨论，跟孩子一起研究，将你思考的问题、你经历的生活跟孩子分享，这样一种交流分享的过程能够产生更多的见解，也能够获得更多的学习快乐，同时更重要的是能够在亲子之间建立起更为密切的关系。只有这样温馨美好的关系，对孩子的成长才是最好的一种促进。

我反复强调，一切的改变都是在关系的重建之中产生的，在这样一种美好的关系里面，产生更多的是正向的改变。

第三件事：做孩子的学生。

实际上，孩子都有自己的见解，都有自己观察的独到之处，都有令父母感到非常惊喜的生命活力、生命热情，都充满天真、好奇心、想象力，都具备某一些独到的令父母敬佩的能力。作为父母，你要换一个心态，你不完全是一个训导者，不是只能孩子向你学习，而你不能向孩子学习，你和孩子之间不是一种刻板的亲子关系。父母应该放低身段多向孩子请教，摆明“我要向你学习”的态度，孩子有任何让你欣赏的地方，你都表达出一种喜悦，表达出一种赞赏，表达出一种敬佩，这对孩子成长的促进跟影响真的是非常大的。

我的孩子小的时候很喜欢读《哈利·波特》，我跟着她读了一本，不过因为《哈利·波特》的系列书太多了，我没办法读完。在共读中，我了解了我孩子的阅读，并请她跟我分享了她的阅读心得及她最喜欢的情节。孩子在跟父母分享的过程中，也会得到更好的学习。

所以孩子上学，父母也应该上学，父母既要做孩子的老师，也要做孩子的同学，当然更需要做孩子的学生。这样，孩子的成长会让你越来越感到惊喜。

恐惧感会持续影响孩子的成长

每年开学前后，各个学校、幼儿园大门前都会上演一幕大家特别熟悉的画面：孩子抱着爸爸妈妈号啕大哭，怎么也不愿意撒手，眼神里充满了恐惧。对刚刚上幼儿园的孩子来说，这种恐惧尤其普遍。上了小学后，情况稍微好一些，但是对上学感到害怕的孩子依然不少，所以现在的学校普遍都比较重视这个现象。比如小学很重视幼小衔接；幼儿园很重视孩子入园以后的适应。

其实，孩子上学，对很多年轻的父母而言，也是一个很大的挑战。这一阵子我在微信朋友圈里就看到了一些年轻的朋友在跟孩子的入园焦虑症、入学恐惧症做斗争。

人的这种分离焦虑其实是一个很普遍的现象，人的一生好像都处在分离的焦虑中，小时候有小时候焦虑的问题，年轻时有年轻时焦虑的问题，其实老了还有老了以后焦虑的问题。比如我的父母现在年纪大了，有时候我妹妹、妹夫不在家，他们都蛮焦虑、蛮紧张的。这其实就是人性，人性就有这个特点，人的一生都生活在对失去、对分离、对未知的各种不安之中。

明白这一点很重要，你不要觉得你的孩子好像特别软弱、特别脆弱，甚至觉得他特别无能，并为此而很生气，这是不应该的。因为一方面这是人性的常态，人的内心都有这种对分离的不安感、恐惧感；另一方面，分离的不安跟恐惧，在不同的孩子身上，表现形式是不太一样的。有的孩子就是号啕大哭，每天上学之前害怕得不得了，甚至晚上入睡都会不安；有的孩子比较隐忍，虽然害怕，但就是不哭出来，这样的孩子看上去没事，其实有时候他也会有很长时间的不适应。

作为母亲，面对孩子的这种分离焦虑时经常会感到很不安。天底下的母亲都不愿意孩子受苦，都不愿意看到孩子的眼泪。现在很多妈妈在孩子六个月以后就去上班了，晚上回来孩子已经睡着了，早上去上班的时候孩子还没醒过来。母亲跟孩子过早地分离，跟孩子相处的时间太短，过早地跟孩子不在一起，其实对孩子建立足够的安全感是非常不利的，这是一方面。另一方面，母亲的不安情绪会非常微妙地传递给孩子。也就是说你可能觉得你在孩子面前没有表现出不安，但是孩子越小，他就越敏感，孩子都有一种不可思议的敏感，他可以感受到母亲很微小的情绪变化。这些都会加剧孩子的不安、加剧孩子的恐惧，这种不安、恐惧会持续地影响着他的成长。

德国一位教育家曾经提过这样一个观点，他说如果要让妈妈们更愿意生孩子，那就需要在她们工作的环境中多建托儿所，让这些妈妈随时都可以看到孩子，随时都能够跟孩子有更多的接触、更多的互动，妈妈们照料孩子也能更方便，这样妈妈们才不会不安，才会对生育有更大的热情。其实这不仅是一个生活的问题，它本身也是解决情感的问题。很多孩子从出生到三岁，你以为他是一个白板，他什么都不懂，把他交给谁都可以把他带大，但你不知道的是，交给谁是不一样的，只有交给母亲才是最安全的。只有母亲带孩子，孩子才有安全感；只有跟母亲生活在一起，他才最快乐；只有见到母亲归来，他才最喜悦。这个天性你是不能把它隔断的，若隔断了，孩子后面的成长就会有很多麻烦。

但是现在很多问题已经出现了，我们该怎么去解决这个问题呢？比如从家庭的角度来说，有些孩子上学的准备做得不够，上幼儿园的准备做得不够，幼小衔接也是。我觉得要解决这个问题，从一般的人性的角度来说，需要增加母亲跟孩子之间的互动。妈妈要尽可能早地回家，回家以后尽可能专注地陪伴孩子，跟孩子有更多的身体互动，给予孩子更多的安慰、更多的鼓励、更多的关切，多跟孩子讲讲故事，特别是讲讲生命成长的故事，帮助他消除心理阴影，让他明白，每个人实际上都是要成长的，成长有时候需要离开家，需要到一个新的环境里去，需要自己去承担、去探索，而且这些都需要从小开始学着做起。在这样的一种互动过程中，孩子会慢慢领悟成长的奥秘，父母给孩子的这种情感跟价值观的引导，也会一点一滴地产生作用。

另外，对孩子的各种焦虑，你不要惶恐，当然更不能生气，不能简单粗暴地斥责他，不要觉得自己很丢脸——别的孩子不这样，我的孩子怎么这样？面对孩子的焦虑，你首先要做的就是消除这种心理，每个孩子本身都是不一样的，每个孩子早期的成长环境也是不一样的，最后表现出来的形态自然也会不同。

父母要学会心平气和，要学会保持耐心，实际上你也是在跟教育的某种恐慌拔河，你的耐心、你的沉着、你的细心、你对孩子成长的这种热情，慢慢地就会转化成孩子成长的动力。有些孩子可能会适应得慢一些，但是不要害怕，我们还可以积极地去调整，去帮助孩子成长，那才是最为重要的。

孩子回到大自然就会灵动起来

我的教育写作研修班不仅是讲写作，也会涉及对教育、对生命的理解，以及对活动设计的一些思考。有一次的研修班在一个名为澳角的地方举办，那次的研修给我留下了很深的印象。你可以想象这样一个画面：在海边的一个山坡上，在一处花园里，一群热爱诗歌、热爱文学、热爱教育、热爱生命的人聚集在一起，一起学习、一起成长，既有室内的讲课，又有室外的分享与交流，大家偶尔在树下饮茶赏景，叙说丰富多彩的个人趣事。这样的课程结构，本身就有特别强的吸引力，当然这样安排不是为了吸引谁，而是我们觉得活动设计、活动空间、活动主题本身就应该是美好教育生活的一种呈现、美好人生的一种写照。

研修班的很多老师都带了家属，女老师带着自己的丈夫和孩子，男老师带着自己的妻子和孩子。原来完全不相识的小朋友，见面的一瞬间，就成了好朋友。他们在一起嬉戏，在一起玩耍。大人和孩子都有自己学习、放松的方式，大人的方式和孩子的方式既彼此独立，又互相交融。

大人们觉得孩子这样的生活是美好的，孩子们觉得大人这样的学习生活也是美好的。这是一种心与心的相互映照，也是成年人生活跟儿童生活的一种共融。我们还可以直观地看到，人真的是大自然之子啊。

在那样的环境里，孩子们一个个真的就是活泼泼、水灵灵，拥有无限创意，能够享受无限乐趣的小精灵，他们变得更有诗意、更为可爱——孩子本来就有诗意，此刻他们的诗意被点燃了。另外，这种环境会使人更相信自己，更相信生活，更相信未来，更相信学习的价值，更相信获取知识的意义。这是不教之教，无言之教。你把他放到那个环境里，他就在学习了，他就受到了感染，就形成了主动性，这才是更为重要的。我们不要太相信灌输，不要太相信刻意的强化操练，不要太相信那些伟大的故事——那些离普通人非常遥远的伟大的故事，而是要相信当下的生活，相信跟人的生活相关的更美好的自然环境，更要相信儿童天性里那种自动自发的力量，相信在良好的条件下，儿童生命里那种自然存在的潜能、代代相传的生命信息，是能够被激活的。

有了这些体验，有了这些美好的经历，一个人就不可能会变得庸俗。一个人没有过美好的体验，他自然会变得庸俗，变得世俗，变得僵化，变得固执，变得偏执。这些孩子很小的时候就从大自然里面体验到了神奇，体验到了辽阔，体验到了丰富，他们眼中所看到的是真实的世界，是充满诗意的、梦幻的世界。这种功效是任何课堂、任何封闭的空间难以达到的。

作为父母，你要具备为孩子提供更有价值的大自然课程的意识，尽可能地把孩子带到大自然之中，有空就把孩子带到大自然之中。你要相信大自然才是创造美好成长空间的最重要推力。人只要回到大自然，就会活过来，就会变得灵动起来；人只要回到大自然，就会有更诗意的梦想，就会更相信自己，就会很自然地在大自然中得到补偿、得到馈赠、得到款待。

很多人都奇怪为什么贴近大自然的人一般都心地纯良、质朴，乐于跟人分享、乐于跟人交流，并且总会用一种充满诗意的方式跟他人共处。此中奥妙，唯有到大自然中去生活，才能体会得到，大自然真的是一本无限之书。

缺爱会无限延长孩子的哺乳期

我曾在深圳的一个教育机构讲了一堂主题为“有效的沟通为什么这么难”的课，其实在那之前，我并没有讲过这个话题，为此，我花了很长的时间去琢磨。

谈到沟通的问题，我更多地会去思考童年对我们沟通的影响。我们的面貌除了先天那一部分以外，更重要的是后天造就的，也就是我经常说的家庭文化的子宫对我们生命的塑造。这里面又分成两个部分，一个是父母给予的充足的爱和陪伴，一个是亲子之间的那种亲密的、身体及情感上的互动。这种甜蜜的互动本身能够内在化地树立一个人生命的信心，也就是说这样的甜蜜是由爱灌注出来的，这样的甜蜜可以转化成生命中的阳光，这样的甜蜜可以从一个人身上播撒、传递到另一个人身上。

在这样良好的环境中成长起来的人，总是热情洋溢，总是更乐于跟人交流，总是更善于欣赏他人，总是更富有热情地去理解、接纳别人的观点。一般来说，这样的人都拥有一个幸福的童年。拥有幸福童年的人就像一棵大树，从一开始就在健康的土壤里面生长着，考察一下，你可以很容易地发现，生活中诸如喜欢跟人交流，对他人充满热情，更有接纳能力，更擅长跟别人分享，心地更为坦荡等这样积极的人生状态往往都跟幸福的童年有关系。

顺便说一个题外话，很多作家、艺术家、哲学家的童年都特别不幸，但他们能够把这种不幸转化成另外一种力量、另外一种滋养。他们对人性的阴暗、人性的曲折、人性中各种各样的负面因素有更深的体验，他们能够将这些痛苦的经历，转化为艺术作品。

对一个普通人而言，童年的幸福真的是太重要了。假如我们现在做一个选择：一种选择是成为一位伟大的艺术家，但你需要度过特别不幸的童年，忍受特别痛苦的遭遇，承受各种各样难以言表的对生命的打击；另外一种选择是做个普通人，童年过得很幸福，生活过得很平淡，一切都跟常人差不多。这两种人生，你会选择哪一种呢？当然，这是一个难题，无论你怎么选择，都有可能像普鲁斯特问卷那样，你选了其中的一条，另外一条你就不能再选了。

好吧，言归正传。

积极的人生状态和童年的幸福有很大的关系，而童年的幸福，跟父母的爱、跟父母的陪伴、跟亲子之间非常甜蜜的生命互动是紧密关联在一起的。还有另外一点，对于孩子的成长，家庭的推动也很重要，如果父母总是欣赏孩子、鼓励孩子、肯定孩子，内心充满善意地帮助孩子，那么孩子将会成长得更好。从我们文化的一般状况而言，孩子在成长中接受的积极鼓励真的是很少，概括一下就是，我们很多人可能一直没有结束我们的哺乳期，如果这种爱的哺乳、甜蜜的哺乳一直没有结束的话，实际上人往往就会停留在某种精神不健全的状态里，就没办法再发展了。

在我们生命的内核里面，总有一些发展不充分的东西，比较常见的就是情感堵塞。情感堵塞产生的原因当然包含了爱的不充足，鼓励及肯定的缺乏。实际上这也可能是生活中各种各样的对人的限制所导致的。它们有时候会伤害个人的自由表达，影响个人各种各样的感想，从而导致个人变得越来越渺小，变得越来越没有价值。当个人的声音需要用所谓的“模板”中的那一套词汇、概念、态度表达出来时，这是有很大的麻烦的，这样一来，一个人慢慢地就会丧失属于个人的语言特色以及个人语言的自然发展。随之而来的，就是我们会对表达自己的声音产生很强烈的恐惧感——我们能说什么呢？我们不能说什么呢？我们说的哪些话，会带给我们风险？

我们从幼儿园就开始学说话，从那个时候开始，父母教你说话，老师教你说话，然后老师又用考试、课堂评价等方式不断地规范你，这就是规训。这种规训使我们越来越懦弱。于是，我们越来越不敢面对事实，我们越来越不善于跟别人展开公开的、真诚的、平等的对话，针对事实、各种争议、各种社会难题进行富有理性的讨论就更是无从谈起了，所以很多朋友经常会因讨论很小的事情而反目为仇。为什么会这样呢？一般来说，这不是双方感情出了问题，而是我们都太恐惧了，我们都太害怕失败了，我们都太不善于用一种富有理性和逻辑、公开的方式跟人交流了。我们都生活在恐惧之中，所以有时候进行交流沟通，真的是很困难的。

养育的着重点是三岁之前

曾有一个朋友跟我谈到，家庭教育里父母搭配的方式主要有四种类型，一个是严父慈母，一个是严父严母，一个是慈父慈母，一个是慈父严母。他说李玫瑾教授认为最理想的家庭教育搭配方式应该是慈父严母，父亲能够温和地讲道理，孩子的天就能够撑起来。

在现实生活中，严父慈母的搭配更为普遍，这种搭配方式虽然占的比例较大，但会产生不小的麻烦，因为慈母多败儿——慈母往往会培育出比较糟糕的孩子。为什么呢？因为在这种搭配方式中，父亲往往在孩子的成长中缺席，孩子从母亲那里得到的只有温和的态度，没有坚定的理念，也就是说在这种搭配方式中，母亲比较容易溺爱孩子，会没有原则地爱孩子，在这种类型的家庭中生活的孩子，其成长会遇到更多的麻烦。

就具体的经验而言，这确实是有一定的道理的。特别是有一些母亲，在父亲缺席的情况下，溺爱孩子溺爱得缺少原则，最后将孩子教育得很失败。由此大家发现没有原则的溺爱是会产生麻烦的，因此大家都比较接受和认可“慈父严母是最理想的家庭教育搭配”这个观点，但是这个观点其实还是有问题的，而且我认为问题还比较大。

从教育的角度来看，这个观点所看重的是孩子三岁以后的教育，尤其是六岁以后的教育。所以才会说父亲很重要，父亲不能缺席，才会说母亲要有原则，母亲如果太溺爱孩子，孩子的成长就会有问题。此外，我们中国谈家庭教育，大多数是从社会学的角度去思考的，强调立德树人，在这种角度下，“慈父严母”这样的观点也是对的，在父亲缺席的情况下，母亲对孩子严格要求，确实可以避免孩子养成不好的品德、习惯。但我们还需要考虑另一个层面——三岁以前的孩子的教育问题。对三岁之前的孩子来说，这一阶段的教育更应该称为养育。那需要由谁来养呢？说到底还是需要由母亲来养。另外，在这一阶段，养的过程就是育的过程，养和育是不可分割的，谁养这个孩子，谁就在教育这个孩子，所以这一阶段实际上就是在用母亲的方式来教育孩子。

所以母亲的在场、母亲的陪伴、母亲的亲力亲为就非常重要了，这个重要性不是从社会学的角度来看的，而是从生命学的角度、从一个人的天性需要的角度来看的。人从来都是由母亲养大的，这是一种最好的养育方式，因为天性不可违，母亲就需要养育孩子长大成人，这种母亲的爱是孩子生命里面最为需要的。母亲的慈爱会带给孩子足够的安全感，会让孩子产生积极的依恋，产生对自我生命的积极的信从，进而慢慢地建立起生命的自信来。

所以我才说“慈父严母是最理想的家庭教育搭配”这个观点是欠妥的，我们往往认为母亲的慈爱是有问题的，母亲的慈爱会导致孩子的负面发展。其实慈爱是一种正面的力量，在这种慈爱的哺育之中，人身上的良好品性就像栽种在肥沃土壤里的大树一样，可以得到足够的滋养，茁壮生长，这个人也就能行得端、走得正。尽管这一方面的人性价值在教育之中得到了不少人的关注，不过大多数人对于“慈爱”的理解实际上还不够充分，其原因，一方面在于我们没有把儿童作为一个独立的生命个体，另一方面在于我们把儿童不同阶段的需求混在了一起来看待。所以我们会特别强调教育，强调德育，强调社会化的各种能力的发展，这当然也非常重要，但我们更需要思考的是，人的好的秉性其实是从正常的生活中成长起来的，是由内而外自然生长起来的。如果光靠外在的戒律、外在的训导以及外在的惩罚，是很难培养起一个健康的生命的。

总的来说，我们对儿童早期养育的重要意义，认识还是远远不够的，这跟我们对儿童的研究不够有关系。人的天性、人的习性、人的灵性，更多的是生来就如此，我们应该按照自然而然、顺道而行的逻辑去思考：孩子最需要的是什么？我们应该用什么样的方式养育孩子、引导孩子、促进孩子？在“慈母多败儿”这样的逻辑底下，母亲的价值与意义被贬低了，父亲的价值却被过度地强化了，这是比较麻烦的。今天很多父亲的缺席造成了孩子的种种问题，这是事实，但是孩子的种种问题的滋生并不完全都跟父亲的缺席有关，其实大多数问题跟母亲的缺席、跟母亲给予孩子的爱不充分，关系更大。

如果缺乏这样一个最基本的思考，我们就会很容易简单粗暴地划分哪一种家庭结构的逻辑是最好的，比如说“慈父严母”最好，或者说“严父慈母”最好。这种逻辑确实能够培养出一些在大家看来很优秀的孩子，但是你并不能说你发现了生命最为重要的真相。要想揭示生命最重要的真相，我们还是要从人的天性的满足这个视角去做研究。

怎样才能成为孩子最强的精神支柱？

谷爱凌属于少年成才，很小的时候，父母就发现了她的天分，然后加以培养。现在她被誉为一位天才运动员，一个美少女运动员，并开始尝试在其他领域发展自己。而且她的性格特别开朗，喜欢表现自己，尽情享受运动带给她的快乐。当然她也特别享受在别的领域不断拓展自己，应对各种挑战的乐趣。

谷爱凌的心态非常阳光，我最羡慕的就是她的这种良好心态。成绩很突出的运动员有很多，但像她这样能够这么快乐地去比赛，无论胜负都对自己充满信心的，却真没几个。比赛胜利了，她意气风发，特别快活；失败了，也不会情绪消沉，依然笑对人生。

我觉得对青少年的成长来说，这真的是一个很大的启发。怎么把孩子培养成一个快乐的人？这是我们一个重大的文化命题！

这篇，我想跟大家说说另外一位俄罗斯籍运动员——莎拉波娃的故事。莎拉波娃今年三十多岁，前不久刚宣布退役，是位非常有名的网球运动员。和谷爱凌一样，在她很小的时候，她的父亲就发现了她惊人的运动天赋。后来，教练跟她父亲说："你这孩子应该到美国去发展，好好培养！"于是，她父亲把房子卖掉，举家迁往美国，尽心尽力地培养莎拉波娃。

在培养孩子的过程中，很多时候，你就是孩子的依靠，你就是孩子的保障，你就是孩子最强有力的精神支柱。

有很多父母在发现孩子的天赋后，会将培养孩子成才作为自己一生最大的事业，用一句我们经常说的话来形容就是“一心就扑在孩子身上”，事事以孩子为中心。钢琴家郎朗的父亲就是这样的。

在国外，这样的例子非常多。比如网球运动员要参加很多全球比赛，最有名的四大满贯赛事（法国网球公开赛、温布尔登网球公开赛、澳大利亚网球公开赛、美国网球公开赛），就要跨越几个大洲，分别到法国、英国、澳大利亚、美国去参加比赛，再加上其他国际比赛，那可真是满世界飞。在此过程中，除了教练陪同以外，他们的父母和家人也会一直陪伴在他们身边。所以，在看网球比赛时，我们经常能看到运动员包厢里面不仅坐着他的教练，还坐着他的家人，他们是运动员强有力的支持团队。

我看网球比赛时发现，有些运动员在发挥不好时，经常会往家人那个方向看一看，感到迷茫时也会往家人那个方向看一看。我相信，通过那个眼神交流，他一定会得到很多鼓舞。而当他表现出色时，家人首先会发出欢呼，给予其最强有力的支持。由此可见，对一个人的成长来说，这种来自家人的，尤其是来自父母的付出，十分重要。

莎拉波娃从小就非常有运动天赋，她的教练最早发现她的与众不同。什么与众不同呢？那时候的莎拉波娃虽然成绩并不是特别出色，但教练发现这个孩子在比赛时非常投入，每打一拍，就会大喊大叫。要知道那时她才年仅四岁。

教练觉得很不寻常。这么小的孩子能全情投入并享受比赛，又善于自我激发，这正是她的优势所在。不过，莎拉波娃这个大喊大叫的特点，她的对手是很讨厌的。她自己也说，有时候在看录像时看见自己这么大喊大叫觉得确实很难听，很刺耳。但是一到运动场上，她就又情不自禁地大喊大叫。这是莎拉波娃独特的自我鼓舞的方式，能让她在比赛的时候特别投入，给自己鼓劲。其实很多顶尖的运动员，往往都有这种与生俱来的、与众不同的能力。

除了惊人的天赋和与众不同的能力外，她对自己的要求也很严格。如果比赛比输了或者没比好，她都会深刻地进行自我检讨，找出问题去改进自己。

很多运动员输掉比赛，不是技术的问题，而是心态的问题。心态包含两方面，一方面是坚韧不拔、永不放弃，遇到困难，绝不妥协；另一方面是敢于比赛，敢于夺取胜利。这就要求运动员在关键时刻要当“打不死的小强”。莎拉波娃就是如此，不过她不是“小强”，她是“大象”，是“老虎”，只要给她机会，哪怕最后一分钟她都有可能翻盘。这也是我在看体育比赛时领悟到的道理。

天赋对一个人的成功固然重要，但后天的培养更为重要，莎拉波娃的成功从某种意义上来说就是训练的结果。她从很小的时候就得到了父母无限的信赖与支持，遇到了好的教练，把握住了成长过程中特别重要的机会。这是多大的造化、多大的幸运啊！

家校共育：面对大压力，做好小事情

到各地的学校讲课的时候，家长们经常会提一些具体的问题，这些具体的问题往往都是最困扰他们的问题，最难以解决的问题。从这些问题的类型来看，我发现中国父母对孩子的成长感到很焦虑，确实是很普遍的。

比如说有一次我在长沙讲课，有两位爷爷来听报告，其中一位爷爷向学校反映说孩子晚上做作业做得太晚了，经常都要做到十一点多、十二点多，早上六点半又要起来，孩子真的不愿意起，睡得太少了，他觉得孩子太可怜了。

校长就问他孩子现在几年级，在哪个班。这位爷爷说孩子现在一年级。校长就问他，一年级学校都没有布置作业，怎么会做到这么晚。

后来经过了解，才知道让这个孩子做到那么晚的作业，并不是学校布置的，而是孩子的爸爸布置的，是孩子家里给他加量了、加压了。

有时候从一年级开始就严格抓孩子学习，未必是好事，这样抓是会有大麻烦的。一个人连觉都睡不好，你还能指望他有良好的心态吗？还能指望他对学业有充足的信心、对未来有美好的向往吗？从这位爷爷反映的家庭情况可以猜到，这显然是一个特别焦虑的家庭，一个处于底层的家庭。家人希望孩子能够有更好的人生发展，实现家庭的翻身，但对于这种向往，他们却采取了简单粗暴的方式，非常盲目，非常无知，非常想当然，当然也不可能遵循生命成长的规律。

家长会的时候他的爸爸都没空来，而是爷爷来了，可爷爷来听了也是白听，回去跟他儿子肯定也没办法交流，看着这位爷爷那么焦虑、那么沉重的样子，我也感到很沉重。

另外一位来听报告的爷爷说现在孙子的负担太重了，他才读四年级。我仔细问他是什么负担太重，他说经济方面的负担太重，现在孙子每个月要花很多钱。

原来，他说的是孙子在外面补课要花很多的钱。补课已经成了一个常态，补课背后暗藏的是家长的教育焦虑，正是这种焦虑促成了这一庞大产业的出现。现在几乎所有的孩子都在补课，补课的费用也越来越高，但是补课能产生什么样的效果呢，是积极的帮助，还是负面的影响呢？实际上这是值得质疑的。

我说的这两个例子都很常见，并不是很特殊的例子。实际上，每次家长会上给父母们讲课，各种各样的问题都会遇到，当然大多问题指向的是孩子成长方面的一些麻烦，比如学业、性格、跟人交往、学习态度等。这些问题有一些跟今天的社会环境有很大的关系。社会上各种各样的压力都会在家庭中具体地体现出来，所以才会有很多父母感到很焦虑，很惶恐，很无可奈何。

有位校长问我，那我们该怎么办呢？我告诉他，从消极的角度来看，这就是我们这一代人共同的命运，很难有人能够挣脱。虽然大的问题难以解决，但我们可以从家庭内部做一些改善。这样说有时候是很天真，因为家庭内部焦虑的程度可能比学校还要深，但我还是觉得改善仍然有可能，最重要的是要从父母对儿童的理解开始。

我一直倡导家校共读，通过一起读一本书，形成一些基本认识，达到共育的目的。同时，一起读书、一起讨论，各自分享育儿的经验，也有助于减少焦虑，增强对教育的信心，当然，还可以学到一些更好的方法。这种活动的开展，实际上也有助于增加教师对儿童的理解，当学生在家庭中出现各种问题之后，教师也能够更好地帮助孩子的父母进行一些疏导、排解，进行一些具体的指导与帮助。也就是说，这让教师在关注学科教学能力的提升之外，也能够把自己的关注重心转向对儿童的研究，为家庭教育提供一些必要的指导。

大的问题解决起来确实有很大难度，但是我们还是要面对这些大的问题去思考一些改善的小对策。家校共读，家校共建，家校共育，实际上强调的都是家庭跟学校的更深度的合作，这样才有助于孩子各方面的更好发展。

“拼爹时代”其实早就来了

有些朋友认为，现在教育部下发文件，要求停止各类教培机构，可是补习学校、培训学校都被取缔后就没有地方可补习了，或者说补习变得很困难了，于是大家就觉得这个时代又进入了一个拼爹的时代。说实在的，“拼爹”这个词这几年一直都有，大家都觉得一个人要想成功，关键还是要靠拼爹。但仅仅因为补习学校被取缔，就说进入了拼爹的时代，显然是不够全面或者说不够专业的。

其实，说一个人的成功最为重要的是“拼爹”，一个方面是从遗传的角度来说的。父母给孩子的遗传是最重要的，但要想真正在遗传上有一些优势的话，那是要好几代人共同努力才行的。

拼爹本身也是一个大概率事件，但是拼爹需要爹有意识，这意识不是说你生了孩子以后才有，这意识可能需要你在生孩子之前，甚至在结婚之前就有。

前不久，我的一个朋友，也是一所进修学校的校长，他跟我感慨说，现在从农村来看，发展得比较好的往往都是原来那些所谓的“耕读之家”，或者是父母觉悟得比较早的家庭，他说的这些都是从文化传承的意义上来谈的。在农村，父母确实需要有这样的文化意识，有这样的文化追求，或者说有这样的文化高配意识，这样，他的子女的成长才能经得起漫长时间的考验。这位校长说的观点基本上是正确的，当然这只是一方面。

另一方面，就是孩子出生以后，你该怎么对待他。我一直强调一个观点，这个观点从人类学角度来说是一个正确的观点，那就是对一个孩子的成长来说，拥有一个好母亲很重要，但是母亲要成为好母亲，离不开一个好父亲的支持——好父亲要支持母亲成为好母亲，要支持母亲全身心地培养自己的孩子。

所以作为一个父亲，责任是很重大的，既要承担起社会责任，又要为家庭承担责任，为家庭基本的生活承担责任。这就需要父亲在家庭里面更多地陪伴孩子、鼓励孩子、教育孩子。我反复强调，让母亲尽心尽力地去爱孩子就好了，像教育孩子、批评孩子，甚至责骂、责打孩子这样的活应该由父亲来干。父亲更有威严，更有社会形象，由父亲教育孩子更容易产生成效。

对一个家庭来说，最可怕的是什么？

最可怕的就是母亲缺席，父亲非常暴躁，祖父母、外祖父母又特别放纵孩子，宠溺孩子——这样孩子的教育会非常失败。

所以要说“拼爹”，关键还是要看父亲怎么当一个好的父亲，这可能是今天的家庭教育最核心的问题了。我曾经给很多学校提过建议，我说学校也要给学生的父母上课，最重要的是学生的父亲要参与，所有人一起学习，一起讨论、提升。如果父亲承担了一个父亲应该有的家庭责任，责任到位了，孩子的成长一定会更好，这是毫无疑义的。

一个孩子教育好了，父母的功劳无量。有一本书很流行，书名叫《好妈妈胜过好老师》，作者是一个单亲妈妈，她在孩子身上付出了很大的心力，将孩子教育得很成功，她在这本书中讲述了她的成功经验。但是如果从广泛的社会学角度来思考的话，“好父亲胜过好老师”，也是没有任何疑义的。

“拼爹”，最重要的不是在孩子的学识方面、在孩子的知识方面，而是在孩子的品行、生活习惯、人际关系、自我责任感这些方面，对于这些方面，好父亲能起到更好的示范作用。

所以“拼爹”是一个常见现象，不仅在中国，全世界也是如此。不仅是双减时代有这个特征，其实在所有的时代都有这个特征——父亲对孩子的教育都是最为重要的。

“拼爹”背后拼的是什么呢？其实拼的就是父母对孩子的责任感，拼的就是父母的世界观、人生观、价值观等等。“拼爹”拼的不仅仅是简单的、某个单一的向度，人的发展是需要在三观问题、身体问题、习惯的形成等方面加以高度重视的，这些最为重要的内容都需要在家庭里面实现。

作为父母，抚养孩子、教育孩子、引导孩子是最基本的责任。孩子出生以后，这个责任就一日不可放松，放松了就会有麻烦。虽然经常有一个说法是“磨刀不误砍柴工”，但有一些“工”不能误，误了以后，过了若干年再想补已经补不上了。所以身处“拼爹”的时代，父母需要有更强的上进心、更强的责任感。

大脑最喜欢“自动驾驶模式”

我经常会说到父亲的故事，当然不仅是我父亲的故事，也有我一些朋友的父亲的故事。这些父亲都八九十岁了，都会做一些让孩子们感到很不安的事情。比如说八十九岁了，还骑电动车；八十五岁了，还骑自行车；八十五岁了，还想爬上树去摘龙眼；等等。在我的微信朋友圈有朋友吐槽他父亲的这种事，结果引来了很多人的跟帖，跟帖的主要内容是什么呢？很多也是介绍了一下自己父亲的超凡事迹，比如九十二岁了，还会爬到屋顶上，比如做一些跟上面说的相似的种种比较危险的事情，甚至老两口都经常做这样的事情，所以大家最后就有了一个感慨——好像天底下的老父亲都有相似的地方。

我还有一个朋友，他的父亲相对年轻一些，七十来岁，他的母亲也是这个年龄。他的父母在家里非常好玩，很像契诃夫的《套中人》这本小说里面所说的那样，他的父亲会把家里所有的东西，包括电器，都用罩子罩起来。有一次，我的朋友找不到自己的围巾，到处找都找不到，后来才发现原来他的围巾被当成一块布罩在电风扇上。他说，他从小就知道父母特别节俭，几十年来都过着这么节俭的生活，所以现在真的是改不了了。

有一些老人，对有些事非常固执，你怎么说他都听不进去，对于你的话，表面上看似有些效果，但实际上你要改变父母是非常困难的，所以人过去或现在过什么样的生活，可能一辈子就会过什么样的生活。

我曾在很多讲座中说过，人的大脑（人的思维习惯）很喜欢“自动驾驶模式”。所谓的“自动驾驶模式”就是不由自主地选择某一种方式，而且很难改掉这样的习惯。有一个医生跟我说，家里洗碗的人往往会更胖一些，为什么会这样呢？——晚上饭菜没吃完，洗碗的人舍不得倒掉，就会把这些剩菜、剩饭都吃掉。每天多吃一点，慢慢地就会胖起来，这就是“自动驾驶模式”。

自从医生跟我说了这句话以后，我就特别警觉，因为我也是家里洗碗的人，但我们家现在完全不存在这个问题，我跟我太太在家，两个人早餐、中餐、晚餐都是分餐制，所以每一个人都要尽到自己的责任，怎么尽责任最好？就是少煮一点，吃得好一点，把自己那一份给吃完了，所以即便是一方负责洗碗，也不会长胖。

如果是合在一起吃，又是一个大家庭，实际上大家都会多吃一点，尤其是洗碗的人会吃得更多，这也是一种“自动驾驶模式”。

所以你的生活习惯有时候会不知不觉地影响你，当你习惯了，你就会一直过这样的生活。我的一个大学同学曾跟我感慨，他原来是知青，饥饿的记忆太深了，后来在家里吃饭，每一餐都吃得特别多，桌子上有一些饭菜剩下来他都舍不得倒掉，最后就把自己的胃给吃坏了。但这并不意味着他的习惯能够改过来，等他胃好了以后，或者说胃稍微好一点，他还是会舍不得倒掉剩饭剩菜，他还是会这样吃，最后食物没有浪费，但是身体却吃坏了，结果在治疗胃病跟其他毛病上要花更多的钱。

生活中有很多地方都是这样的道理，如果你有思考能力，多去思考一点，你就会发现生活中有很多这样的例子。比如说很多老人觉得走路走得快，显得年轻，显得健康，就追求所谓的“健步如飞”。但我会跟老人说，走路要慢一点，走路慢一点才真的可以更健康、更安全、更长寿。因为老人最怕的就是摔跤，几乎可以这么说：老人摔跤是一件很严重的事情，甚至会折寿。走慢一点，对老人来说，实际上就是在延年益寿，就是给全家带来幸福，当然老人自己更是最大的幸福受益者。

生活中有很多小常识，这个常识哪怕非常小，但要让它形成“自动驾驶模式”也是很困难的，所以正确的“自动驾驶模式”往往都很难养成。这就导致了一些错误认知的不断强化，一旦形成了错误的“自动驾驶模式”，你就会一直使用这样的“模式”，怎么改都改不了，这就会很有麻烦。

数字时代，父母也需要提前“精神断奶”

我看过一本书上有这样一个观点，给了我不少启发。这个观点谈到，在今天这样一个数字时代，父母与孩子之间的联系方式已经发生了很大的变化。从形态上说，在过去，父母与孩子之间除了见面外，其他时间是没办法进行交流的。但是到了今天，交流变得非常方便，可以随时、随机，也可以说只要你想交流随时随地都可以交流，甚至不仅是语音的交流，还可以进行视频的交流。

说到这一点，我就想到我在上海读大学的时候，我父亲给我写一封信，要七天时间才能收到，我再给他回一封信，又要七天时间，也就是说，一个月其实来来去去通一两次信就差不多过去了。现在不一样了，现在的交流是全天候的，随时都可以进行的。

这里面就有一个问题产生了，父母跟孩子交流的时候，到底要交流什么？

孩子很小的时候，你们可能有更多的交流内容，当然主要是聊放学了没有，在哪个方位，现在的一些小朋友的手表电话就主要是为这样的交流服务的。

那等孩子大了之后，不在父母身边了，又该交流什么呢？孩子不在身边，对有些父母来说，真的是很难熬，有的父母特别舍不得孩子，这样的父母也是需要“断奶”的。

孩子不在身边，父母要学会重建自己的生活，也要学会重建跟孩子的关系。比如说，什么时候跟孩子交流？要交流的具体内容是什么？应重点关注孩子的哪些方面？

有位作家在她的作品中也谈到过这个问题。她的孩子读高中时，有一段时间，她有点控制不住自己，几乎每天都要给孩子打电话，时间又特别长，这严重打扰了她的孩子，甚至她孩子同宿舍的舍友都以为他交了一个特别唠叨、特别年长的女朋友。当然，这位作家后来发现问题以后就改掉了这个习惯。她对孩子的成长突然有了一种觉悟，她觉得孩子长到这个年纪，是时候目送他往前进了，是时候把成长的自主权交给孩子自己了。

实际上要做到这一点，有时候是有点难，你别以为这么简单就断奶了，其实，精神上的断奶就跟婴儿生理上的断奶一样困难。因为孩子对你有依恋，你对孩子也有依恋；孩子对你有期待，你对孩子也有期待。父母经常也会把自己的很多情绪，自己成长过程中各种各样的问题引起的情绪，投射到对孩子的关心上。

一般而言，孩子不在父母身边，父母多多少少都有点神经质，对孩子的安全，对孩子成长的很多问题，都会有各种各样的担心。这种担心在一些母亲身上甚至会表现得有些病态，比如过度的关心，或者是无节制的关心，实际上这会对孩子造成很大的困扰，会干扰孩子正常的学习、生活，会影响到孩子积极生活的情绪。有的孩子甚至会把母亲的电话拉黑，把母亲的电话挂断。

我就听说过一个这样的例子，一个孩子已经上大学了，而且上的大学就在自己的城市，离家很近。孩子只是住在大学的宿舍里，他的妈妈却变得特别神经质。除了每天固定时间打电话，周末孩子要回家时，她也都会一遍一遍地给孩子打电话，了解孩子动身了没有，轮渡到哪里了，汽车到哪里了，等等。

第一个学期孩子还能忍受，到了第二个学期他就感觉很痛苦了，到了后面他简直就是完全没办法接受妈妈这样的状态了，所以他跟妈妈的关系产生了很大的问题。

开始他会觉得这是妈妈对自己的关心，后来就发现这个关心里面含有很多病态的内容，说得直白一点，就是这里面包含着妈妈对他的生活、情感等的一种控制，所以孩子决定要从这种控制里面逃离出来。逃离方式有多种，有的孩子是不回家了，有的是躲着妈妈。像我说的这个大学生，他一度看到他妈妈的电话就有条件反射，整个人的精神变得很不好，情绪也很糟糕。

后来这个妈妈也意识到了问题，在家人的帮助下，孩子终于从这种非常糟糕的生活状态里逃了出来。后面这家人把孩子送到了国外，这个妈妈也摆正了跟孩子的关系。

其实，随着数字时代联系方式的改变，亲子之间的影响力也变得特别持久了，它的长度、深度、广度都发生了巨大的变化。在这样一个随时随地都能展开交流的背景下，不只孩子要提前“精神断奶”，摆脱对父母的依赖，父母也有必要提前“精神断奶”，杜绝对孩子生活、成长的过多干预。

“精神成长”是现代家庭面临的大考

经常有人找我，希望我能对他们孩子的成长提一些建议。说实在的，我不是心理医生，也没有做过心理咨询，对孩子的成长做诊断这种工作我也不怎么有经验。我谈得更多的是儿童成长的一些常识，或者也可以说是儿童成长的人文常识、生命常识，以及一些有关成长的普遍的、规律性的东西。但是有时候朋友要来询问这样的事情，我也愿意尝试做一些可能不是那么专业的分析，也算是尽我所能吧。

我也很清楚，其实做心理咨询是一件非常难的事，它需要长久的专业训练，需要有很多的临床经验，需要对儿童进行大量的观察。所以很多从事心理咨询的专业人士、心理学家都是儿科医生，或是儿童心理学方面的医生。

可即便具备这样的素质，在遇到任何一个孩子的时候，心理咨询师还是会感到非常困难。所以，著名心理学家弗洛伊德曾提过一个观点，他说做心理咨询一定是要收费的，要是不收费，这个行业就会有问题。

如果你不收费，你就需要靠别人来资助，或者靠政府或者什么机构养起来。但是被养起来后，慢慢地，你就会对职业发展缺乏动力，就很难进步了。所以心理咨询必须是收费的，因为收费会促使你对这个职业保持一种敬畏心、专注力，保持持续学习的热情，这样你才有能力帮助人们解决层出不穷的新麻烦、新问题。

不过，要跟孩子的父母聊他孩子的问题，有时候真的挺难。

有一种情况是，父母知道自己有问题，但是他就是改不掉，他觉得自己根本没办法改。我现在对这一点已经能够理解了，那些改不掉的其实也是我们生命中特别顽固的一部分，我们身上有很多东西确实改不掉。改不掉，怎么办呢？这确实很麻烦，因为有时候我们改不掉的那些东西，确实会成为孩子生命中的一部分。

还有另外一种情况，青年老师经常遇到。有些比较年轻的小学老师，没做过父母，学历也不算很高，普通大学本科毕业。而孩子的父母，年纪比老师大，社会地位比老师高，学历可能也比老师高，这些家长会觉得自己各方面都比老师强。当青年老师跟这些父母聊孩子的问题时，父母很容易会提出这样的质疑：“你讲的那些道理，怎么能说服我呢？”

这样的父母，我也时常碰到。当你跟这些父母反映孩子的问题的时候，这些父母首先会想到，是不是老师有问题？是不是老师的能力有问题？是不是老师对我的孩子有偏见？我的孩子就是一个天才，是你没有眼光。我的孩子行为是有些古怪，这都是天才的一部分，你不可能看出来的。

遇到这种情况，作为一位老师，是蛮痛苦的——你很想跟家长合作，但是家长不愿意跟你合作，觉得你还不够格跟我合作。这个时候老师该怎么办呢？我经常会跟老师们说："这个时候，你要把研究儿童看作一项跟研究你的学科教学同样重要，甚至更为重要的工作。可能有一些父母会看不起你的学科教学水平，会认为自己受教育的程度比你高很多。但是，在小学、在初中，教师最核心、最根本的工作，应该是促进儿童成长。"

我碰到过一个这样的例子。一个二年级的孩子，行为特别古怪，对学习经常产生很强烈的厌倦心理，经常感慨"活着没意思"，而且已经有了一些自残的行为，甚至会对一些同学有侵犯性的行为。这个时候跟父母怎么去进行交流呢？父母听不进去，甚至还把孩子送到了医院。送到医院去干吗？给孩子做智力测试。父母更关心的是孩子的智力状况。智力测试完以后发现孩子的智力没什么问题，很正常。那孩子是什么地方有问题呢？实际上是孩子的家庭有问题，孩子的爸爸既粗暴又严格。

之所以会既粗暴又严格，实际上是因为他对孩子的教育缺乏耐心。他不愿意陪伴孩子，不愿意在孩子身上投入细致的心思和持续的时间去关注其成长，所以有时候会表现出暴躁，会表现出过度要求。

这个例子中孩子的妈妈，生完宝宝以后有一段时间患有产后抑郁，所以对孩子的关照也不够。你看，爸爸既粗暴又严格，妈妈有这样的精神方面的问题，请来的保姆也有问题，奶奶又溺爱孙子，这一切共同给孩子塑造了一个非常严峻的、不利于其成长的氛围。可以说有一些孩子不是他天生有问题，而是在这样的家庭里面他必然有问题。孩子的问题，其实就是父母自身的问题。

所以在帮助孩子成长的过程中，父母要学会经常自我反思，要学会给孩子创造一个适宜其成长的环境。父母要明白，孩子的成长中最重要的应该是他的精神成长，包括生活习惯、学习习惯、与人交往等方面，这些习惯的养成比学业不知道要重要多少。如果父母没有意识到孩子这些需求的重要性，将很难参与到跟老师合作、共同促进孩子成长这一项艰巨的工作中来。

三代同堂的家庭，教育意见不统一，该怎么办？

有很多朋友向我咨询，说家里面是孩子的爷爷奶奶帮助带娃，可爷爷奶奶总是会破坏规矩，在怎么带娃这件事上家里意见不统一，经常闹不愉快，有时候还会闹矛盾、产生冲突等，问我有没有什么办法。

对于这个情况，我是这么看的：

第一点，要意识到，有关带娃方式、教育方式的家庭意见不统一，实际上是一个常态，是我们经常会遇到的一种情况。也就是说，不仅是爷爷奶奶跟父母的意见不统一，实际上夫妻之间关于怎么教育孩子的意见也不可能完全统一。所以你要理解这种不统一其实并不罕见。当你明白了这一点后，再来想为什么不统一。实际上对于带孩子这件事，每个人都会有自己的经验，而且经验是很容易起主导作用的。

作为年轻的父母，可能更多地会从孩子成长的角度来看，会考虑要怎么带孩子才能带得更好一点，但是爷爷奶奶会根据自己以往带孩子的那些经验、习惯或者成功的方式来带孩子。说一个很简单的事，比如小家伙吃饭，爷爷奶奶有时候看孩子吃得慢，看孩子吃得撒落一地，看孩子边吃饭边玩，就觉得还不如喂孩子，能让孩子吃得又多、又快、又好。年轻的父母却很讨厌这种方式，觉得孩子吃得慢，撒得一桌子、一地都是，本身就是一个成长的过程。于是双方就会就这件事情产生一番理论，不过这肯定是谈不拢的。

我的观点是，当我们在教育孩子某一件事情上产生不同看法的时候，千万不要在这件事情正在发生的时候进行争执，这样的争执往往没有效果，会伤感情，还会产生很多不愉快的后遗症。

而年轻的父母，要多想一想父母帮助我们带孩子的不易，带孩子这件事本身已经很费心了，很费体力了，是件需要有责任感的事情，挺不容易的。我们要理解父母的难处，理解父母所付出的辛劳，要对父母有感恩之心。在有了这么一种基本的理解之后，家庭里面还是要经常开一些会，比如说到了周末，孩子睡觉了，一家人坐下来喝茶，然后爸爸妈妈就可以对爷爷奶奶这一周所付出的辛劳表达感谢，特别是对那些做得好的地方，一定要表达一下向他们学习的心意。

按照我的说法，就是要先满足、后引导，老人也是需要鼓励，需要尊重的。你表达出这种尊重跟鼓励之后，再加一些引导，比如说对于孩子的哪些行为、哪些地方需要怎样处理，一起与老人协商一下。其实在协商的过程中，你就把你的一些方法慢慢地渗透给了老人。我相信在这样的一种氛围里面，大家更容易达成共识。这是很重要的一点。

第二点，说实在的，你要理解上一辈人。一个人要改变自己太难了，要克服自己身上很深的时代烙印与弊端，更是难上加难。有时候你只能基于一种理解，去接纳他的某些不足。比如说你明明知道老人有一些方法不对，但是不要当面指责，不要当面批评，你可以等老人休息了，把孩子带到房间里跟孩子讲道理，跟孩子一起分析“刚才爷爷奶奶的这种做法，你觉得怎么样呢？”，帮助孩子去理解老人，而不是否定老人所付出的辛劳，这样往往能让孩子学会分析，帮助孩子自我成长。

这样，孩子以后就会纠正爷爷奶奶的某一些不妥当的做法，老人也更容易接受。其实，所有的努力都是为了帮助孩子更好地成长，这才是最大的公约数。如果孩子真正成长了，老人的一些错误的方式就问题不大了。

我想谈的第三点，就是我们今天对孩子的教育，总是会有缺陷的。有老人的问题，也有我们的问题，一代人有一代人的问题，所以要想教育出所谓完美的孩子，是不可能的。我们只能把重要的地方紧紧地抓住，不因为紧迫的事情而忘记了重要的事情，重要的地方、大的地方抓住了，有一些小地方的不足，说得直白一点，看透点就好了，“睁一只眼闭一只眼”就过去了。

这样，整个家庭的氛围也就更和谐了。千万不要在家里经常相互指责，经常在具体的问题上产生分歧，这反而对教育下一代更不利。家庭和睦本身就是最好的教育，然后在这个基础上，我们再想更妥当的方法，让孩子的成长更顺利。

给足孩子奶蜜盐，需要父母巨大勇气

我说的奶蜜盐，就是充足、平衡、有序的家庭核心供给。

所谓的奶就是母亲之爱，谁都不能代替，谁都不可缺少。母亲之爱，只要在孩子童年时给够了，这个孩子一生都不缺。一个孩子如果没有母亲，过早地离开母亲，或者没有得到母亲之爱，一生都会有麻烦。而一个孩子如果在成长过程中，得到过爱、得到过祝福、得到过鼓励，这样的孩子长大之后会更有底气，更不容易被挫折打倒。

所谓的蜜，就是我们几乎所有人都缺少的来自父母的由衷又有热情的鼓励。至少我这一代人的成长中，真的特别缺少。我母亲从来没有说过“你长得很漂亮”“你长得很可爱”“你是妈妈的宝贝”这样的话。我也不怪我母亲，我母亲只是不善于表达爱，但是我觉得在我这一代，我可以做得更好一点，然后一代改变一点。从我开始，从今天开始，改变一点点。所有的一点点改变，都是有意义的。从家庭教育来说，你千万不要认为改变是一次性完成的，或者改变是一次性改变的。

我记得我孩子读初中时学业负担很重，她6点多就得起来自己准备吃的——小学的时候都是我们给她准备，到了初中她认为自己长大了，学校离家也很近，可以自己准备吃的，自己上学。有一天，我看她要上学走了，就叫住她，结果她慌慌张张地跑进来问：“爸爸有什么事吗？”

我说："你要知道，爸爸是爱你的。"她当时就愣住了。说实话，说那句话时，我也感觉有些别扭，很不自然，但我后来体会到，这种爱的语言不能隔一段时间说一句，而要经常说，甚至每天说，孩子各个阶段都有各个阶段不同的需求。比如，美国学者认为孩子跟你说话的方式会随着年龄的增长而改变：六岁之前，孩子喜欢你看着他的眼睛说，注视着他说，非常专注地跟他说；六岁以后，你注视着孩子的眼睛说话，会让他感觉有点紧张，他喜欢跟你并排说；八九岁时，孩子喜欢在你做事情的时候跟你说话。

有一次我到亲戚家里串门，亲戚家的孩子读初中，吃饭非常快。跟他一起吃饭时，一会儿他就吃完了。我问他："你吃饭这么快，以后跟女同学吃饭，谁愿意跟你一起？"没想到这个孩子说："我要吃快一点，这样我妈妈就是想批评我都来不及。"一吃饭就挨批评，这是怎样的吃饭？

我曾经对初三的孩子做过问卷调查，其中有个问题是"父母跟你说的最多的一句话是什么？"答案五花八门，但"快点吃饭""赶快做作业""赶快睡觉"，这三句最多。有的孩子说他父母几乎每天都是这三句话——一回家，就是赶快吃饭，赶快做作业，做完作业就是赶快睡觉。很多父母跟我感慨说，孩子四五年级以后，不爱跟他们说话了。这其中虽然有孩子成长中的一些特点，但是我认为，父母更需要反省：孩子很想跟你说话的时候，你愿意跟他说吗？

一位父亲跟我抱怨："我跟他讲一遍没问题，但是孩子经常让我讲两遍。有时讲完两遍还要再讲一遍，一天晚上讲三遍。"其实我想说，三遍又算什么？有些孩子两岁多的时候，可以一个故事让父亲讲一个月。这就是孩子的学习方式，他不是知识性的学习，而是体验性的学习。他不是为了增长知识，也许他已经对内容滚瓜烂熟了，他就是喜欢跟你在一起，喜欢听你讲故事。但是有多少父亲有这样的耐心呢？其实，真的很多父亲没有这样的耐心。这些年我有个很深的感受，我觉得做父母之前最好先学学家庭教育，先理解一个生命的特征，先有一些对于生命教育、家庭教育的基本的素养，然后再做父母，这样可能会好一些。

孩子童年是否快乐，是由父母决定的，好性格的源头在童年。我自己感觉，我小时候是个特别苦、特别不快乐的人。我的邻居都叫我傻瓜，我不知道他们为什么叫我傻瓜。一年级拍的第一张照片中，我是愁眉苦脸的；大学毕业照中，我还是愁眉苦脸的——我就好像长着一张很沉重的脸。我经常对自己的性格进行反省，我觉得好性格真是万世财宝，世界上没有什么比好性格更好的。好性格，可以让自己更快乐、更善于快乐、更容易创造条件让自己快乐、更容易快乐、更容易有满足感。我不止一次地说知足常乐，其实知足常乐不是一种教养，不是一种修为，知足常乐就是从童年开始培养的一种自我的满足能力。

从家庭教育来说，让孩子能够更积极地对待自己，对待他人，对待生活，对待所遇到的一切，这太重要了。比如，现在我回过头想一想，我女儿在英国读书最困难的时候，如果我做错了，很可能会满盘皆输。她学业那么困难的时候，我可能会想：也许我不花这么多钱让你到英国读书更好，小学开始出书，初中获得小说大奖，不出国读书，说不定你已经成为一个很优秀的小说家了；或者会想：那些跟你一起读书的人，比你优秀多了，有些家庭甚至还不如我们，人家怎么就那么优秀？作为父母，要找这类否定性的评价太容易了。我女儿读完本科时，我跟她说："咱已经比伊丽莎白女王她们家庭强多了，她的儿子查尔斯，是他们家族第一个读本科的。"

事实上，我根本不看重她读什么学校，我更看重她怎么对待自己，她的期许是什么，她的生活目标是什么。我想说的是其实我们在看待孩子时可以更乐观一点。我在前面曾讲过一位高中老师，他们夫妻二人都不是"985"大学毕业的，却希望自己的孩子考上"985"大学，并因此对孩子的未来感到焦虑。当时，我就对这位老师说："我不是打击你，当前更重要的其实并不是孩子要读什么大学。从就业的发展来看，第一次就业也许跟你毕业的大学关系很大，但从第二次就业开始，你的工作就跟你的能力、你的人品关系最大了。所以为什么不能接纳我们的孩子就是二等学生呢？今天的商业精英，有多少毕业于顶尖大学？如果孩子就是个二等学生，你会更看重什么？"

我想强调的是，即便是作为一个快递员，每天过得很快乐，每天比别人送出更多单，这也叫胜人一筹，也叫成功。我们很容易忘了这些东西，忘了好性格的好，忘了好身体的好，忘了用更积极的人生态度、更具建设性的意见对孩子提出期许。

因此，从成功的角度来说，只有用更积极、更乐观的角度影响、推动孩子，孩子才有可能成功，这一点对于一个家庭非常重要。说实在的，学校真的教不坏孩子，不是说学校没有问题，而是就孩子的发展而言，只有家庭才能培养出健康、平衡、强健的孩子，才能赋予孩子面对挫折的抗争能力，才能让孩子有能力挣扎，有勇气面对。

我女儿读初中的时候，有一次全班同学本来计划周末看演唱会，后来因为台风改成了周三，结果班上很多周三去看演唱会的同学，周四交不了作业。班主任到班上说："昨天看演唱会的所有同学站起来。"四分之三的同学站了起来。班主任又说："你们每个人写一份昨天晚上看演唱会的观后感。"我女儿当时就说："老师，我不想写，而且我认为也没有必要写。"那天下午，班主任给我打电话，说："你女儿是不是特别逆反？"我问："发生了什么事？"班主任把这件事告诉了我。听完之后，我心中暗喜：这太像我女儿了，有什么大不了的。但当着老师，我还是说："对不起，等她晚上回来我好好教育，以后不会再发生。"

想要让孩子在遇到挫折的时候不轻易否定自己，离不开父母的教育，需要父母在家庭里保持一以贯之的立场。这就是盐，人的成长难免会有流汗、流泪，甚至流血的时候，成长意味着承受与提升，但你要让孩子努力成为"世上的盐"——平凡而不可或缺。

一个家庭，真的需要勇气，有时候也需要更自觉的意识。我经常跟很多父母说，假期时要做的最重要的事情就是让孩子补足睡眠，让孩子参加更多的户外活动、团队活动和对抗性的体育运动，让孩子流汗，让孩子竞争。竞争是身体的竞争，这比智力的竞争更为重要。而现在，我们把孩子休息的时间都让给了补课，我们的孩子渐渐地就会变得不会玩耍，就会对户外活动失去兴趣。你说这样的孩子怎么能竞争得过呢？

其实，孩子身心健康才是父母最大的成就，孩子自食其力才是父母最大的安慰，孩子知书达礼才是父母最大的骄傲，孩子勇于担当才是父母最大的荣耀。孩子可以跟我们过不一样的生活，可以有不一样的人生，可以有不一样的对待他人和自己的方式。即使在不那么好的家庭里面，孩子也是可能有更好的人生、更好的生活方式的。

FONGHONG
凤凰联动出品